Einleitung

Reise-Infos von A bis Z / Allgemeine Informationen zum Wandern auf Bornholm

Tagestouren entlang der Küste

Wanderung 18: Kyststi - Bornholm

Rundwanderungen durch Bornholms Wälder

Radtouren

Index

(rg)

Sose Bucht (☞ S. 95)

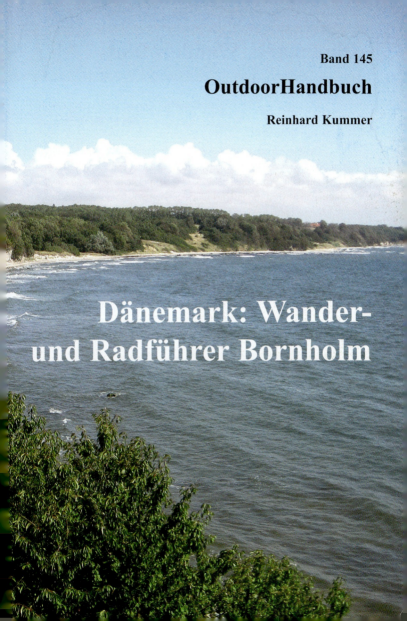

Band 145

OutdoorHandbuch

Reinhard Kummer

Dänemark: Wander- und Radführer Bornholm

Dänemark: Wander- und

Copyright Conrad Stein Verlag GmbH.
Alle Rechte vorbehalten.

Der Nachdruck, die Übersetzung, die Entnahme von Abbildungen, Karten, Symbolen, die Wiedergabe auf fotomechanischem Wege (z.B. Fotokopie) sowie die Verwertung auf elektronischen Datenträgern, die Einspeicherung in Medien wie Internet (auch auszugsweise) sind ohne vorherige schriftliche Genehmigung des Verlages unzulässig und strafbar.

Alle Informationen, schriftlich und zeichnerisch, wurden nach bestem Wissen zusammengestellt und überprüft. Sie waren korrekt zum Zeitpunkt der Recherche. Eine Garantie für den Inhalt, z.B. die immerwährende Richtigkeit von Preisen, Adressen, Telefon- und Faxnummern sowie Internetadressen, Zeit- und sonstigen Angaben, kann naturgemäß von Verlag und Autor - auch im Sinne der Produkthaftung - nicht übernommen werden.

Der Autor und der Verlag sind für Lesertipps und Verbesserungen (besonders per E-Mail) unter Angabe der Auflagen- und Seitennummer dankbar.

Dieses OutdoorHandbuch hat 192 Seiten mit 56 farbigen Abbildungen sowie 29 farbigen Kartenskizzen und eine ausklappbare, farbige Übersichtskarte. Es wurde auf chlorfrei gebleichtem Papier gedruckt, in Deutschland klimaneutral hergestellt und transportiert (die Zertifikatnummer finden Sie auf unserer Internetseite) und wegen der größeren Strapazierfähigkeit mit PUR-Kleber gebunden.

Dieses Buch ist im Buchhandel und in Outdoor-Läden erhältlich und kann im Internet oder direkt beim Verlag bestellt werden.

Titelfoto: Slotslyngen, Blick auf Hammershus und Hammeren

Radführer Bornholm   5

OutdoorHandbuch aus der Reihe „Der Weg ist das Ziel", Band 145

ISBN 978-3-86686-457-3   3., überarbeitete Auflage 2014

© BASISWISSEN FÜR DRAUSSEN, DER WEG IST DAS ZIEL und FERNWEHSCHMÖKER sind urheberrechtlich geschützte Reihennamen für Bücher des Conrad Stein Verlags

Dieses OutdoorHandbuch wurde konzipiert und redaktionell erstellt vom Conrad Stein Verlag GmbH, Kiefernstraße 6, 59514 Welver,
☎ 023 84/96 39 12, FAX 023 84/96 39 13,
✉ info@conrad-stein-verlag.de, 🖥 www.conrad-stein-verlag.de

f Werden Sie unser Fan: 🖥 www.facebook.com/outdoorverlage

Text: Reinhard Kummer
Fotos: Reinhard Kummer und Reinhold Großelohmann (rg)
Karten: Heide Schwinn
Lektorat: Kerstin Becker
Layout: Manuela Dastig
Gesamtherstellung: AZ Druck und Datentechnik GmbH, Kempten

Wir machen Bücher für

Abenteurer Geocacher Trekker
Wanderer Radfahrer Pilger
Kanufahrer Kreuzfahrer Camper
Globetrotter Schnee-Begeisterte
Träumer Entdeckungsreisende
Fremdsprecher Naturverbundene
Wohnmobilfahrer Genießer

die **OUTDOOR** Verlage

kurzum … für Aktive

Inhalt

Einleitung		9
Kurzporträt		10

Reise-Infos von A bis Z 14

Anreise	15	Räuchereien	23
Bus	17	Saison	24
Fahrradverleiher	19	Schließfächer	25
Geld	20	Schiffsausflüge	26
Informationsquellen	20	Telefon	27
Kriminalität	21	Unterkünfte	27
Literatur und Landkarten	21	Updates	33
Medizinische Versorgung	22	Versorgungsmöglichkeiten und	
Notruf	23	Öffnungszeiten	34
Öffentliche Toiletten	23	Wetter	35

Allgemeine Informationen zum Wandern auf Bornholm 36

Tagestouren entlang der Küste 41

Wanderung 1: Von Rønne zur Museumsräucherei in Hasle (9 km) 42
Wanderung 2: Vang - Ringebakker - Jons Kapel - Vang (6 km) 46
Wanderung 3: Vang - Slotslyngen - Hammershus - Vang (8 km) 50
Wanderung 4: Hammershus - Hammeren - Sandvig (6 km) 54
Wanderung 5: Rund um Hammeren (6,5 km) 57
Wanderung 6: Allinge - Sandkås - Tejn (4,5 km) 61
Wanderung 7: Stammershalle - Døndalen - Helligdomsklipperne (6 km) 63
Wanderung 8: Helligdomsklipperne - Gudhjem (6,5 km) 67
Wanderung 9: Gudhjem - Melsted - Kobbeå - Østerlars (6 km) 71
Wanderung 10: Randkløve Skår (4,5 km) 74
Wanderung 11: Listed - Svaneke (3,5 km) 78
Wanderung 12: Svaneke - Årsdale (4 km) 80
Wanderung 13: Årsdale - Nexø (6 km) 82
Wanderung 14: Nexø - Balka - Snogebæk (4 km) 84

Wanderung 15: Snogebæk - Dueodde (6 km)   87
Wanderung 16: Dueodde - Slusegård - Øster Sømarken (6,5 km)   89
Wanderung 17: Boderne - Sose - Arnager (12 km)   93

Wanderung 18: Kyststi - Bornholm rund   100
Durchführungsmöglichkeiten   103
Wegbeschreibung   106
Etappe 1: Rønne - Hasle (11,5 km)   106
Etappe 2: Hasle - Sandvig (18 km)   107
Etappe 3: Sandvig - Gudhjem (18 km)   110
Etappe 4: Gudhjem - Svaneke (16,5 km)   112
Etappe 5: Svaneke - Dueodde (21 km)   115
Etappe 6: Dueodde - Boderne (16 km)   118
Etappe 7: Boderne - Rønne (21 km)   121

Rundwanderungen durch Bornholms Wälder   126
Wanderung 19: Rø Plantage (6 km)   127
Wanderung 20: Almindingen 1:
    Gamleborg, Lilleborg, Rokkesten (5,6 km)   129
Wanderung 21: Almindingen 2: Ekkodalen, Rytterknægten (5,4 km)   133
Wanderung 22: Almindingen 3: Die versteckten Seen (2,8 km)   136
Wanderung 23: Paradisbakkerne - Die gelbe Runde (5,5 km)   138
Wanderung 24: Paradisbakkerne - Die rote Runde (3,6 km)   142

Radtouren   145
Allgemeine Informationen zum Radwandern auf Bornholm   146
Radwegenetz   148
Radrunde 1: Allinge - Olsker - Klemensker - Hasle - Jons Kapel -
    Vang - Hammershus - Sandvig - Allinge (46,5 km)   152

Radrunde 2: Allinge - Tejn - Helligdomsklipperne - Rø - Olsker -
    Hammershus - Sandvig - Allinge (30 km)   159

Radrunde 3: Gudhjem - Østerlars - Almindingen - Rø -
Helligdomsklipperne - Gudhjem (34 km) 163

Radrunde 4: Gudhjem - Svaneke - Paradisbakkerne -
Almindingen - Østerlars - Gudhjem (48 km) 168

Radrunde 5: Nexø - Aakirkeby - Almindingen -
Paradisbakkerne - Nexø (45 km) 174

Radrunde 6: Dueodde - Peders Kirke - Nexø -
Snogebæk - Dueodde (38 km) 179

Index 190

Anzeige

Einleitung

Bei Salomos Kapel (rg)

Bornholm, die Insel in der südlichen Ostsee nahe der südschwedischen Küste, gehört zum Königreich Dänemark und zählt zu den schönsten und vielseitigsten Inseln der Ostsee.

Herausragend ist die Küstenlandschaft aus Fels und Sand, die auf kleinem Raum sehr unterschiedliche Formationen hervorgebracht hat, die über spannende Küstenpfade erschlossen sind und auf denen herrliche Wanderungen möglich sind. Die Wälder im Inselinneren locken mit angenehm spannenden Rundwegen und die hübschen kleinen Küstenorte laden zum Verweilen ein.

Radfahrer können auf ein gut ausgebautes Radwegenetz zurückgreifen, welches Natur und Kultur an Küste und Inland berührt und ebenfalls abwechslungsreiche Strecken und Rundtouren bietet.

Das Buch ist in erster Linie für Aktivurlauber, die einen genussvollen, abwechslungsreichen und doch sportlichen Urlaub verbringen wollen, geschrieben. Die vorgeschlagenen Touren verlangen ein gewisses Maß an körperlicher Fitness und sind eigentlich für jedermann/frau machbar.

Sie können wunderbar in einen 14-tägigen Bornholmurlaub eingebaut werden, so bleibt trotzdem noch Zeit für eigenes Erleben und Erkunden.

Kurzporträt

Die Insel hat eine Größe von 588 km² und erinnert grob an ein Viereck mit den Diagonalen Rønne - Svaneke 30 km und Hammeren - Dueodde mit knapp 40 km.

Auf der Insel leben etwa 41.000 Menschen, hauptsächlich von Landwirtschaft, Fischfang, Tourismus und Dienstleistungen. Industriebetriebe gibt es kaum.

Hauptstadt ist **Rønne**. Die Stadt hat 14.000 Einwohner und ist das wirtschaftliche und kulturelle Zentrum der Insel, was äußerlich schon durch den großen Fährhafen dokumentiert wird.

In Rønne selbst finden Sie alle wichtigen Einrichtungen: Inselverwaltung, Krankenhaus, Schulen, Einkaufscenter, Theater, Kino und Kneipen. Der Tourist kommt in der Regel in Rønne an und kann sich gleich hinter dem

Fährhafen im „Bornholm Velkomstcenter" mit Informationen eindecken. Busbahnhof, Sommerhausbüros, Banken mit Geldautomaten und Geschäfte sind weitere Anlaufstellen für den Besucher.

Touristisch gesehen bietet die Stadt wenig. Einen Bummel durch die engen Gassen der Altstadt und vielleicht einen Besuch im „Bornholms Museum" sollte man aber ruhig wagen.

Die schönsten Städte und Siedlungen auf der Insel findet man an der Nordostküste. Sandvig, Allinge, Gudhjem und Svaneke sind gemütliche kleine Hafenstädte, die dank ihrer Lage an der Felsküste, ihren schmucken kleinen Häusern und ihren vielfältigen touristischen Einrichtungen einen besonderen Charme ausstrahlen.

Die Ministädte Hasle, Nexø und Aakirkeby wirken funktioneller, versprühen aber trotzdem dieses typisch dänische Flair, das Gemütlichkeit und Geschäftigkeit verbindet.

Bornholms Hauptsehenswürdigkeiten sind die schroffen und teilweise recht hohen Felspartien im Nordwesten und Nordosten der Insel: Jons Kapel, die Felsküste bei Hammershus, die Nordspitze Hammeren, Helligdomsklipperne und Randkløve Skår. Diese Attraktionen werden selbstverständlich bei den Küstenwanderungen ausführlich erkundet und auch in den anschließenden Radrunden werden diese spektakulären Punkte nochmals angefahren.

Auch die großen Wälder Almindingen und Paradisbakkerne im Inselinneren und der weite, feine Sandstrand an der Südspitze Bornholms Dueodde gehören zu den unbedingt sehenswerten Orten der Insel.

Die Schlossruine Hammershus im Norden ist ein Anziehungspunkt, der alle Besucher der Insel anlockt. Die Ruinen thronen hoch über der Ostsee und geben einen fantastischen Blick über das Meer und bis Schweden frei. Die geschichtsträchtigen Mauerreste führen zurück in frühere Zeiten, als Lübecker, Schweden und Dänen im Streit um Heringe und Macht die Meere und Länder dieser Region durchkreuzten, Intrigen anzettelten, Pakte schmiedeten und sich zeitweise erbittert bekämpften.

Die vier Bornholmer Rundkirchen in Olsker, Østerlars, Nylars und Nyker stammen aus dem Mittelalter und sehen aus wie kleine Wehrburgen.

Die Erbseninseln „Ertholmene" gehören nicht direkt zu Bornholm. Sie sind der Kopenhagener Zentralregierung unterstellt und per Postschiff bzw. Ausflugsdampfer von Gudhjem und Allinge aus erreichbar. Die Inselgruppe, die etwa 18 km nordöstlich von Bornholm liegt, besteht aus mehreren kleinen Schäreninseln. Die Inseln Christiansø und Frederiksø sind bebaut und bewohnt. Früher diente die Festung „Christiansø" als Verteidigungsbastion.

Bevor Sie sich jetzt auf Tour machen, noch einige Worte zu **Bornholms Natur**.

Mehr als in anderen Regionen der Ostsee ist auf Bornholm die geologische Geschichte sichtbar. Der Norden der Insel ist geprägt durch die Urgesteine Granit und Gneis, die hier an die Oberfläche gedrungen sind und Küste und Land gestaltet haben. Bruchzonen, die durch Senkungen und Hebungen im Laufe der Erdgeschichte entstanden waren, bildeten lang gezogene Spaltentäler. Diese waren zunächst teilweise mit vulkanischem Diabasgestein aufgefüllt, welches aber aufgrund seiner Zusammensetzung zunehmend erodierte und heute die sogenannten Diabasgänge bilden.

Zum Süden hin senkt sich die Insel. Granit und Gneis sind durch die unbändigen Kräfte von Wind und Wellen zu Sand erodiert und bilden herrliche Sandstrände und Sandsteinsteilküsten. Letztere lassen obendrein durch eingelagerte Pflanzenreste und Fossilien einen Einblick in frühere Erdzeitalter zu. Die Eiszeiten mit ihren kraftstrotzenden und landschaftsformenden Gletschern haben die Insel hügelig gehobelt und bei ihrem Rückzug Findlinge und fruchtbaren Boden hinterlassen, der in Verbindung mit dem milden und feuchten Klima dieser Region ein üppiges Pflanzenwachstum schuf.

Die Wälder bedeckten einst die ganze Insel. Doch der Mensch rodete und schuf fruchtbare Felder und öde Heidelandschaften, die dann später wieder aufgeforstet wurden und heute die großen Wälder im Inneren bilden. Teilweise versucht man heute sogar die ehemalige Heide wieder herzustellen, um auch den Reiz dieser Landschaftsform zu erhalten. Zum Schutz vor Sandflucht wurden im Süden und Westen der Insel große Waldplantagen angelegt, mit deren Hilfe man das Problem der Sandverwehungen in den Griff bekam.

Während im Norden der Insel hohe und schroffe Felspartien Land und Küste prägen, wird es nach Osten und Süden langsam flacher. Große Teile der Ostküste zeigen eine zerklüftete Fels- und Schärenküste, die mit kleinen

Strandwiesen und/oder Waldstücken eine wunderbare „zerstreute" Küstenkomposition bildet, die weniger spektakulär, aber trotzdem ungemein reizvoll ist.

Die Flora der Insel zeigt die typische Artenvielfalt, wie man sie in gemäßigten Breiten antrifft, wobei zusätzlich Pflanzen, die aufgrund der östlichen Lage und durch die ausgedehnten Felsgebiete, die keine landwirtschaftliche Nutzung zulassen, den Artenreichtum erweitert haben.

In Bornholms Tierwelt dominieren die Vögel. Große frei lebende Säugetiere sind eher selten anzutreffen und wenn, sind es zumeist Rehe. Dafür sind kleinere Säugetiere wie Mäuse, Igel und Eichhörnchen gut vertreten, auch Reptilien wie Kreuzotter, Eidechse und Blindschleiche und Amphibien wie Frösche und Kröten sind keineswegs selten.

Anzeige

Reise-Infos von A bis Z

Der „Bornholm Express" verkehrt zwischen Allinge - Simrishamn (Schweden)

Anreise

Mit der Fähre

Die große Mehrzahl der Bornholmbesucher wird mit den Fähren der Reederei „Færgen" auf die Insel gebracht. Drei Linien werden zurzeit bedient.

Ystad - Rønne

Der Hauptverkehr geht über den südschwedischen Hafen Ystad. Mit einer Fahrzeit von 1 Stunde und 20 Minuten sorgen zwei Schnellfähren für mehrere Abfahrten täglich.

Køge - Rønne

Die Kleinstadt Køge liegt südlich von Kopenhagen und ist mit dem S-Bahn-Netz der dänischen Hauptstadt verbunden. Die kombinierte Fracht- und Passagierfähre fährt täglich die Strecke Køge - Rønne zwischen 00:30 und 6:00 und die Strecke Rønne - Køge täglich zwischen 17:00 und 22:30.

Saßnitz (Rügen) - Rønne

Die Verbindung über die deutsche Ostseeinsel Rügen (Fährhafen Mukran bei Saßnitz) ist sicher für motorisierte Besucher aus Deutschland die attraktivste Verbindung nach Bornholm. Allerdings wird die Linie nur in der Zeit von April bis Oktober betrieben. In der Hauptsaison Ende Juni bis Ende August gibt es täglich eine Abfahrt in jede Richtung. Am Wochenende werden zusätzliche Abfahrten angeboten.

In der Vor- und Nachsaison ist der Fahrplan sehr ausgedünnt und Sie können lediglich mit je einer Abfahrt pro Richtung am Donnerstag, Sonnabend und Sonntag rechnen.

> Die genauen Fahrpläne sowie Preise finden Sie aktuell im Internet unter www.faergen.de. Buchungen können Sie über Ihr Reisebüro oder im Internet abwickeln.

Die Anfahrten zu den Fährhäfen Køge bei Kopenhagen oder Ystad in Südschweden erfolgen über die Vogelfluglinie Puttgarden - Rødby oder über die Verbindung Rostock - Gedser (siehe www.scandlines.de), über die

Autobahn mit den kostenpflichtigen Brücken Großer Belt und Øresund oder über die Fährverbindungen zwischen Deutschland und Südschweden.

> Letzteres lässt sich über 🖳 www.stenaline.de und 🖳 www.ttline.de vertiefen.

Bahnreisende können sich über Verbindungen zu den Fährhäfen unter 🖳 www.bahn.de informieren. Preisauskünfte und Buchungen sind dort möglich.

Es sei noch die Busverbindung Kopenhagen - Rønne erwähnt. Der sogenannte „Bornholmerbussen" verkehrt ab Kopenhagen Hauptbahnhof (Linie 866, Haltestelle Bernstorffsgade am Hotel Plaza gegenüber vom Tivoli) via Ystad und Schnellfähre Ystad - Rønne bzw. umgekehrt täglich.

Dieser Bus wäre z.B. auch in Kombination mit der Bahn eine gute Reisemöglichkeit.

> Auskünfte zu diesem Bus liefert 🖳 www.graahundbus.dk und
> 🖳 www.faergen.de

Zwischen dem südschwedischen Hafen Simrishamn und Allinge verkehrt täglich zwischen Mitte Juni und Ende August das Schnellboot „Bornholm Express". Das Schiff transportiert lediglich Passagiere und Fahrräder. Die Überfahrt dauert etwa 60 Minuten. Ein auf den Fährplan abgestimmter Bus bedient die Strecke nach Kopenhagen.

> Weitere Informationen dazu unter 🖳 www.bornholmexpress.dk

Auch die kleine Fährverbindung zwischen Polen und Bornholm sollte erwähnt werden. Zwischen Nexø und dem polnischen Hafen Kolobrzeg verkehrt in der Zeit von April bis September eine kleine Personenfähre, die auch Fahrräder mitnimmt.

> Wer mag, informiert sich weiter über die Seite der Reederei
> 🖳 www.kzp.kolobrzeg.pl

Die polnische Fährlinie „Polferries" bedient täglich die Strecke Swinoujscie (Swinemünde) - Ystad und zurück.

> Weitere Informationen, auch in deutscher Sprache, bietet die Internetseite
> 🖳 www.polferries.de

Das Angebot für Flugreisende aus Deutschland, Österreich und der Schweiz ist beschränkt und vergleichsweise teuer. Fast der gesamte Linienverkehr läuft über Kopenhagen. Direktverbindungen zu deutschen Flughäfen bestehen nicht.

🛈 Schauen Sie unter 🖥 www.bornholmerflyet.dk, bzw. 🖥 www.dat.dk

Bus

Der öffentliche Personenverkehr auf der Insel wird mit Bussen der kommunalen Verkehrsgesellschaft „BAT" betrieben. Der aktuelle BAT-Fahrplan liegt an vielen öffentlichen Orten aus und gehört unbedingt in Ihren Rucksack. Auf jeden Fall ist der Fahrplan in den Bussen in den Touristinformationen und im Büro von BAT, Munch Petersens Vej 2, in Rønne direkt am Hafen, (montags bis freitags 8:00 bis 16:00) (☏ +45 56 95 21 21) zu bekommen.

Fahrradtransport mit öffentlichen Bussen

Folgende Linien werden ganzjährig bedient:
▷ Linie 1: Rønne - Hasle - Olsker - Allinge - Sandvig - Tejn - Gudhjem - Østerlars - Østermarie - Almindingen - Vestermarie - Rønne
▷ Linie 2: Rønne - Nyker - Rø - Tejn - Allinge - Sandvig - Hammershus und zurück
▷ Linie 3: Rønne - Årsballe - Østerlars - Bølshavn - Listed - Svaneke - Årsdale - Nexø - Balka - Snogebæk - Pedersker - Aakirkeby - Nylars - Rønne
▷ Linie 4: wie Linie 1 aber in umgekehrter Richtung

▷ Linie 5: wie Linie 3 aber in umgekehrter Richtung
▷ Linie 6: Rønne - Nylars - Lobbæk - Aakirkeby - Bodils Kirke - Nexø und zurück
▷ Linie 7: Rønne - Hasle - Vang - Hammershus - Sandvig - Allinge - Helligdommen - Gudhjem - Svaneke - Nexø - Snogebæk - Dueodde - Øster Sømarken - Boderne - Aakirkeby - Arnager - Rønne
▷ Linie 8: wie Linie 7 aber in umgekehrter Richtung

Die Linien 7 und 8 sind für alle Küstenwanderer besonders interessant, verbinden sie doch fast alle Küstenorte Bornholms. Allerdings verkehren sie nur in der Zeit von Anfang Mai bis Ende September.

▷ Linie 9: Rønne - Vestermarie - Aakirkeby - Almindingen - Østermarie - Østerlars - Gudhjem - Rø und zurück (nur wochentags)
▷ Linie 10: Rønne - Nyker - Klemensker - Hasle - Vang - Allinge - Sandvig und zurück (sehr eingeschränkter Fahrplan, teilweise nur Teilstrecken und an Schultagen)

☺ Übrigens, die Busse nehmen im begrenzten Umfang auch Fahrräder mit.

Über Land, wo keine Bushaltestellen ausgewiesen sind, können Sie den Bus durch rechtzeitiges und deutliches Handzeichen stoppen. Andersherum können Sie natürlich auch den Fahrer bitten, an einer bestimmten Stelle zu halten.

Das Tarifsystem ist durchaus transparent. Bornholm ist in 17 Zonen eingeteilt. Die Einzelfahrt pro Zone kostet DKK 13. Die Fahrt von Rønne nach Sandvig beispielsweise geht durch 4 Zonen und kostet demnach DKK 52. BAT bietet aber auch Zonenrabattkarten (Klippekort), eine Tageskarte für DKK 150 und eine Wochenkarte für DKK 500 an. Einzelfahrscheine, Rabattkarten und Tageskarten können Sie im Bus kaufen. Die Wochenkarte, die für beliebige Fahrten innerhalb von 7 Tagen gilt, ist nicht übertragbar und kann im Büro von BAT in Rønne und einigen anderen Verkaufsstellen (die Liste ist im gedruckten Fahrplan und auch auf den Internetseiten veröffentlicht) gekauft werden.

Allein reisende Kinder bis 15 Jahre und Rentner zahlen die Hälfte. Kinder unter 12 Jahren in Begleitung Erwachsener fahren in der Regel kostenlos.

Gruppen ab 15 Personen erhalten einen Rabatt. Sie sollten sich allerdings unter ☎ +45 56 95 21 21 oder online mindestens einen Tag vorher anmelden. Ansonsten könnte es passieren, dass Sie aufgrund von Platzmangel abgewiesen werden.

Weitere Einzelheiten sind im Fahrplan vermerkt, dessen Erklärungen leider nur in dänischer Sprache abgedruckt sind.

> Auch die Internetseite der Gesellschaft 🖥 www.bat.dk gibt über den Fahrplan und das Tarifsystem Auskunft. Allerdings sind die Seiten nur in dänischer Sprache verfügbar.

Fahrradverleiher

In allen wichtigen touristischen Orten finden Sie einen soliden Fahrradverleih. Sie können einfache Räder mit oder ohne Gangschaltung mieten. Meiner Meinung nach ist ein normales Rad mit einer 7-Gang-Schaltung ausreichend. Achten Sie auf genügend Luftdruck. Beleuchtung haben die Leihräder in der Regel nicht, was bei Ihrer Tourenplanung berücksichtigt werden muss.

Die Preise sind passabel. Ein 7-Gang-Rad kostet ca. DKK 70 pro Tag, für 3 Tage DKK 190 und für eine Woche DKK 330. Helme, Kindersitze, Fahrradkörbe oder Anhänger können ebenfalls geliehen werden. Bedenken Sie bitte, dass viele Fahrradvermieter nur in der Saison geöffnet haben.

Hier ein paar Verleiher, wobei kein Anspruch auf Vollständigkeit erhoben wird:

- **Allinge**: Nordbornholms Cykelforretning, Pilegade 1, ☎ 56 48 02 91, 🖥 www.nordbornholmscykelforretning.dk
- **Balka**: Boss Cykler, Kannikegårdsvej 10, ☎ 56 49 44 74, 🖥 www.bosscykler.dk, 🕐 ganzjährig
- **Gudhjem** Hotel- og Feriepark, Lille Jernkåsvej 1, ☎ 56 48 54 44, 🖥 www.gudhjemferiepark.dk
- **Nexø**: AP Cykler, Torvegade 23, ☎ 56 49 23 68, 🖥 www.ap-cykler.dk, 🕐 ganzjährig

- 🚲 **Rønne**: Bornholms Cykeludlejning, Nordre Kystvej 5, ☎ 56 95 13 59, 🖥 www.bornholms-cykeludlejning.dk
- ♦ **Sandvig** Cykeludlejning, Strandvejen 121, ☎ 56 48 00 60
- ♦ **Svaneke**: Boss Cykler, Søndergade 14, ☎ 56 49 75 74, 🖥 www.bosscykler.dk
- ♦ **Aakirkeby** Cykler, Storegade 21, ☎ 56 97 00 47, 🕐 ganzjährig, 🖥 www.aakirkeby-cykler.dk (🕐 ganzjährig)

Geld

Das Preisniveau in Dänemark ist hoch, das Leben insgesamt teuer und auf Bornholm ist alles noch ein bisschen teurer. Man muss schon sehr aufpassen und auswählen, wenn man den persönlichen Urlaubsetat einhalten will. Aber mit etwas Geschick und Verzicht lässt sich auch auf Bornholm ein preiswerter Urlaub verleben.

Die Dänische Krone (DKK) teilt sich in 100 Øre und hat einen relativ festen Wechselkurs zum Euro. DKK 100 entsprechen etwa € 13,50 oder anders ausgedrückt für € 1 bekommen Sie etwa DKK 7,40.

Den Geldwechsel tätigen Sie am besten und kostengünstigsten auf der Insel selbst und zwar an einem Geldautomaten. Die Geräte sind meist auch mit deutscher Menüführung ausgestattet. Via EC-Karte und Geheimzahl oder Kreditkarte und Geheimzahl bekommen Sie unproblematisch dänisches Bargeld. Geldautomaten finden Sie in Rønne am Marktplatz (Store Torv), außerdem in Hasle, Allinge, Gudhjem, Svaneke, Nexø und Aakirkeby.

Mastercard und Visacard werden in zahlreichen Geschäften, Hotels und Gaststätten akzeptiert.

Informationsquellen

Grundsätzliche Informationen und Tipps liefert das Dänische Fremdenverkehrsamt in Hamburg. Über die Internetadresse 🖥 www.visitdenmark.com können Sie sich einen ersten Überblick verschaffen.

Spezielle Informationen über Bornholm liefert Destination Bornholm unter 🖥 www.bornholm.info. Hier kann man schon in der Vorbereitungsphase viele nützliche Tipps und Adressen sammeln.

Auf der Insel gibt es Touristinformationen in Allinge, Gudhjem, Hasle, Nexø, Svaneke und Aakirkeby. Die Büros sind in der Hauptsaison täglich, in der Nachsaison eingeschränkt und außerhalb der Saison eher sporadisch geöffnet.

Die große Touristinformation, das „Bornholms Velkomstcenter", in Rønne finden Sie am „Nordre Kystvej", in unmittelbarer Nähe des Fährhafens.

> Das Büro hat normalerweise werktags zwischen 9:00 und 16:00 geöffnet. In der Hauptsaison kann man Informationen täglich zwischen 9:00 und 18:00 einholen. Telefonisch erreichbar ist die Info unter ☏ 56 95 95 00 (☏ +45 56 95 95 00 aus dem Ausland).

Die Touristenzeitschrift **„Denne Uges Bornholm"** erscheint in der Saison wöchentlich und außerhalb im 2- oder mehr Wochen-Rhythmus und ist ein wichtiger Informationsträger. Die kostenlose Zeitschrift ist zweisprachig, dänisch und deutsch, und enthält vielfältige touristische Hinweise, Ausflugstipps, Stadtplanskizzen, Adressen, Öffnungszeiten, Veranstaltungstermine, informative Anzeigen und vieles mehr. Die Zeitschrift liegt an allen wichtigen touristischen Punkten aus und ist ein unverzichtbarer Ratgeber.

Kriminalität

Kriminalität ist auf Bornholm kein Thema. Trotzdem sollten natürlich Unterkünfte, Autos und Fahrräder abgeschlossen werden und die persönliche Habe mit der nötigen Aufsicht bedacht sein, denn der Spruch „Gelegenheit macht Diebe" könnte ja ausnahmsweise auch mal auf Bornholm Wirklichkeit werden.

Die Polizei ist mit der Telefonnummer ☏ 114 direkt erreichbar. Die Polizeidienststelle ist in Rønne, Zahrtmannsvej 44.

Literatur und Landkarten

Im deutschsprachigen Buchhandel können Sie zurzeit zwei Reiseführer über Bornholm erwerben. Im schmalen Bändchen „Marco Polo Reiseführer Bornholm" sind alle wesentlichen Informationen kurz und knapp zusammengetragen. Wesentlich ausführlicher ist das 2013 zum ersten Mal erschienene

Reisehandbuch Bornholm aus dem Michael Müller Verlag. Dort hat Autor Andreas Haller vielfältige Informationen über Bornholm zusammengetragen.

Auf Bornholm, im örtlichen Buchhandel oder auch in den Touristinformationen, können Sie mit etwas Glück, die lt. Verlag leider ausverkaufte deutschsprachige Version des Buches „Gads Naturführer Bornholm" kaufen. Benny Gensbøl hat hier einen wunderbaren und informativen Naturreiseführer zusammengestellt, der anhand von ausgewählten Wander- und Radwandertouren Bornholms vielfältige Natur in Wort, Bild und Kartenskizze vorstellt.

Die beste Landkarte, die Sie im Buchhandel zu Hause erstehen können, ist die „Wander- und Radtourenkarte Nr. 236 Bornholm" aus dem österreichischen Verlag Kompass. Die Karte deckt die Insel im Maßstab 1:50.000 ab und ist für alle Zwecke ausreichend.

Der Dänische Radfahrerverband „Dansk Cyklist Forbund" hat eine Radwanderkarte im Maßstab 1:50.000 herausgegeben. Diese basiert auf topografischen Karten und zeigt im Überdruck das Bornholmer Radwegenetz und die dazugehörigen Radwegenummern. Auch Campingplätze, Jugendherbergen und andere Serviceeinrichtungen sind farblich deutlich herausgearbeitet. Auch zum Wandern ist die Karte durchaus nutzbar. Allerdings sind die Pfade nur schwarz gestrichelt eingezeichnet und für das ungeübte Auge relativ schwer erkennbar. Die Radwanderkarte wird zusammen mit einem sehr informativen deutschsprachigen Beiheft ausgeliefert. Diese Karte ist auf Bornholm selbst und über die auf Nordeuropa spezialisierte geografische Buchhandlung 🖥 www.geobuchhandlung.de via Internet erhältlich.

Ansonsten finden Sie auf Bornholm noch die durchaus brauchbare Fahrradkarte „Kort over Bornholm", die die Insel im Maßstab 1:60.000 abbildet und auf der Rückseite mit Ortsplänen bestückt ist.

Buchhandlungen finden Sie auf Bornholm in Rønne und Nexø.

Medizinische Versorgung

Die ärztliche und auch zahnärztliche Versorgung wird durch Ärztehäuser in Rønne, Allinge, Hasle, Klemensker, Nexø, Svaneke, Østermarie und Aakirkeby gewährleistet. Eine Unfallstation mit Tag- und Nachtdienst befindet sich in

Bornholms Hospital in Rønne (Ullasvej 8. Unter ☎ 56 95 11 65 sollte man sich, wenn es möglich ist, anmelden. Die Akkuttelefonnummer ☎ 18 13 sollten Sie dann wählen, wenn Sie im Zweifel sind. **Apotheken** gibt es in Allinge, Nexø und Rønne.

Die aktuellen Adressen und Telefonnummern der Apotheken und Ärztehäuser finden Sie in der kostenlosen Zeitschrift „Denne Uges Bornholm", die regelmäßig neu erscheint und in den Touristinformationen und vielen weiteren Stellen ausliegt.

Notruf

Die Nummer des Notrufs für Polizei, Feuerwehr oder Ambulanz ist ☎ 112. In öffentlichen Telefonzellen ist diese Nummer kostenfrei.

Öffentliche Toiletten

In Dänemark und natürlich auch auf Bornholm gibt es in jedem Ort und an jedem stark frequentierten Punkt eine öffentliche Toilette. Die Toiletten in den Orten sind meist in festen Gebäuden untergebracht und man kann dort auch seine Trinkflaschen auffüllen. Die Rastplätze an den Straßen sind dagegen meist nur mit Plumpsklos oder chemischen Toiletten ausgerüstet. Trinkwasser finden Sie dort in der Regel nicht.

Räuchereien

Wer Fisch mag, wird auf Bornholm voll auf seine Kosten kommen. Mittlerweile gibt es in vielen Orten der Insel wieder Räuchereien, die auf traditionelle Weise Fisch räuchern. Im Mittelpunkt steht dabei natürlich der Hering. Den goldgelb geräucherten Fisch isst man natürlich frisch, mit einer Prise des groben Salzes und einem Stück Brot und spült das Ganze mit „Øl", Bier also, herunter.

Als unbedingt sehenswert gilt die Museumsräucherei in Hasle. Diese hat in der Saison von 10:00 bis 17:00, in der Hauptsaison sogar bis 21:00, geöffnet, wobei um 11:00 dann der erste frisch geräucherte Fisch aus dem Ofen kommt. Aber auch in Allinge, Gudhjem, Svaneke, Årsdale, Nexø,

Allinge Räucherei

Snogebæk, Arnager und Øster Sømarken können Sie Fisch aus dem Räucherofen genießen.

Doch die Räuchereien bieten noch viel mehr als Hering. Fisch gibt es in vielen Sorten und Zubereitungsarten. Sehr zu empfehlen ist auch der in Kräutern eingelegte Hering und da besonders der, der von Christiansø kommt.

Einige Räuchereien wie z.B. in Gudhjem, Allinge und Snogebæk bieten ein umfangreiches Fischbuffet an, wo man sich genüsslich und preiswert satt essen kann.

Livemusik an lauen Sommerabenden bieten die Räuchereien in Allinge und Gudhjem.

Saison

Im Buch werden Sie oft den Begriff „Saison" lesen, den es näher zu definieren gilt.

Der Tourismus spielt auf Bornholm eine große Rolle. Deutsche, Schweden, Polen und natürlich Dänen bilden das Hauptkontingent der Besucher. Die Saisonzeiten sind vor allem an den dänischen Schulferien orientiert.

Die Hauptsaison kann von Mitte Juni bis Mitte August angesetzt werden. In dieser Zeit haben alle touristischen Einrichtungen geöffnet und die Insel erlebt den Sommerboom. Doch keine Angst, es ist zwar voll und lebendig, aber nicht ausgebucht und unangenehm überfüllt.

Die Vorsaison beginnt spät, etwa am 1. Mai. Das liegt daran, dass auf Bornholm der Frühling mit einer gewissen Verzögerung einzieht, die mit der relativ östlichen Lage erklärbar ist. Die im Winter eiskalte Ostsee erwärmt sich nur langsam und dadurch erwacht das Leben der Natur entsprechend später. Die Zeit des „Frühlingserwachens" ist mit Sicherheit eine herausragende Reisezeit. Bedenken Sie aber, dass viele touristische Einrichtungen noch nicht geöffnet haben und dass die unbefestigten Pfade und Wege noch recht nass und matschig sein können. Das gilt besonders für die Zeit von Ostern bis Anfang Mai.

Die Nebensaison im Spätsommer und Herbst, die Nachsaison also, beginnt unmittelbar mit dem Ende der dänischen Schulferien, was normal so Anfang/Mitte August der Fall ist. Schlagartig leeren sich die Ferienhäuser, Hotels, Jugendherbergen und Zeltplätze und nur noch wenige Dänen und natürlich die deutschen Urlauber bleiben übrig. Später im September ist man fast allein und nur ein paar Rentnergruppen und nette dänische Schulklassen sorgen für etwas Leben auf der Insel. Die Wege sind verwaist und nur an den populären Abschnitten kommt es zu Begegnungen.

Das Wetter ist im Spätsommer und im Herbst meist hervorragend, überdies ist das Meerwasser noch warm und so können Sie vielleicht die angenehmste Urlaubszeit erleben. Die Nachsaison endet Ende September und allerspätestens mit dem Ende der dänischen Herbstferien, so etwa Mitte Oktober. Im Oktober kann man durchaus noch schöne Herbsttage erleben, die hervorragend zum Wandern geeignet sind. Allerdings sind die Tage schon merklich kurz und die Temperaturen sinken doch beträchtlich. Außerdem beenden immer mehr touristischen Einrichtungen ihr Angebot.

Ab spätestens Ende Oktober versinkt Bornholm in einem Winterschlaf und wacht frühestens Ostern wieder auf. Wer im Winterhalbjahr Bornholm erwandern oder umradeln will, muss die kurzen Tage und eventuell stürmisches und/oder regnerisches, kaltes Wetter bedenken und mit geschlossenen Campingplätzen und Jugendherbergen rechnen. Auch der Busfahrplan ist ausgedünnt und nicht an touristische Belange ausgerichtet. Eine Durchführung der Wander- und Radtouren ist mit Abstrichen sicherlich möglich, setzt aber gute Planung und höhere Kosten voraus.

Schließfächer

Schließfächer zur Gepäckaufbewahrung sind in Rønne im Fährterminal zu finden.

Die „Thor" fährt von Gudhjem nach Helligdomsklipperne

Schiffsausflüge

Ein Ausflug nach „Ertholmene", zu den bewohnten Erbseninseln „Christiansø" und „Frederiksø" ist ein Erlebnis, das man sich einfach gönnen muss. Die Befestigungsanlagen der Erbseninseln bilden den östlichsten Vorposten der dänischen Krone. Die kleinen Inseln liegen knapp 18 km vor der Bornholmer Ostküste und sind in der Saison per Schiff von Allinge und Gudhjem aus erreichbar. In der übrigen Zeit wird die Insel von Montag bis Freitag mit einer Verbindung von Gudhjem aus angelaufen. Die Preise liegen bei DKK 250 in der Hochsaison und DKK 220 in der restlichen Zeit. Kinder von 6 bis 14 Jahren zahlen die Hälfte.

> Den genauen Fahrplan bekommen Sie in jeder Touristinformation oder übers Internet unter www.bornholmexpress.dk.

Das Ausflugsschiff „Thor" fährt in der Saison von Mai bis September die Küstenpartie „Helligdomsklipperne" ab. Das Schiff startet in Gudhjem und legt 30 Min. später an den Klippen an. Bornholms Kunstmuseum und die Klippen selbst sind unbedingt sehenswert.

> Weitere Informationen unter www.ms-thor.dk

Von Hammerhavn können Sie mit kleinen, offenen Booten die Felsküste unterhalb der Hammershusruine besichtigen. Die Boote fahren nur in der Saison und bei entsprechendem Wetter.

Telefon

Wer von Dänemark nach Deutschland telefoniert, wählt ✆ 00 49, dann die Vorwahl ohne „0" und dann die Rufnummer. Nach Österreich wählt man ✆ 00 43 und für die Schweiz die ✆ 00 41 vorweg.

Wer aus dem Ausland nach Dänemark telefoniert, muss die ✆ 00 45 vorweg wählen und schließt die normale achtstellige Rufnummer an.

Öffentliche Telefonzellen mit Münz- und/oder Telefonkartenbetrieb sind auf Bornholm an allen wichtigen Plätzen zu finden. Die Telefonzellen können auch angerufen werden. Die Nummer steht auf dem Apparat.

Das Handynetz ist auf Bornholm gut ausgebaut, sodass Sie eigentlich überall auf der Insel Empfang haben. Die Telefonkosten sind innerhalb der EU drastisch gesunken, sodass ausgehende als auch eingehende Gespräche mittlerweile bezahlbar sind.

Unterkünfte

Sie finden Unterkünfte aller Art. Am beliebtesten sind nach wie vor **Ferienhäuser**, die schwerpunktmäßig im Bereich Dueodde zu finden sind. Doch auch für andere Regionen gibt es durchaus interessante Objekte.

> Ferienhauskataloge bekommen Sie in Ihrem Reisebüro oder auch unter 🖥 www.bornholm.info.

Hotels und **Pensionen** sind in allen Küstenorten zu finden. Weitere Informationen, Adressen, Verweise und Buchungsmöglichkeiten bietet die Internetseite der Tourismusinformation 🖥 www.bornholm.info oder auch der Reisedienstleister 🖥 www.bornholmtours.com. Übernachtungspreise sind hierbei mit DKK 300 bis 700 pro Person zu veranschlagen. Hotelübernachtungen beginnen bei DKK 400.

Jugendherbergen und **Campingplätze** bieten dem Wanderer und Radfahrer die preiswertesten Unterkünfte.

Jugendherbergen

Die dänischen Jugendherbergen „Danhostel" gehören dem Internationalen Jugendherbergsverband „Hostelling International" an. Ein internationaler Jugendherbergsausweis ist sinnvoll.

Sie bekommen ihn in Ihrer örtlichen Jugendherberge oder über das Deutsche Jugendherbergswerk in Detmold, welches Sie am besten über die Internetadresse 💻 www.jugendherberge.de erreichen.

Personen ohne Jugendherbergsausweis sind in dänischen Jugendherbergen willkommen, allerdings muss ein Gästeausweis gelöst werden, der etwa DKK 35 pro Übernachtung kostet. Eine Altersbeschränkung gibt es nicht. Die dänischen Jugendherbergen sind sehr komfortabel ausgestattet und verfügen in der Regel über Gemeinschaftszimmer, Einzelzimmer, Doppelzimmer, Familienzimmer und Selbstversorgerküchen. Mahlzeiten werden außer Frühstück eher selten angeboten.

Preise: DKK 150 bis 210 für ein Bett im Gemeinschaftszimmer, DKK 350 bis 500 für Einzelzimmer, um DKK 475 für Zweibettzimmer und um DKK 550 für 4-Personen-Familienzimmer.

Frühstück kostet in der Regel DKK 60 und Bettwäsche bzw. Schlafsack sollte mitgebracht werden, ansonsten ist eine Leihgebühr zwischen DKK 60 und 70 pro Nacht fällig.

Reservierungen sind dringend anzuraten, denn besonders in der Hochsaison sind die Herbergen gut ausgelastet. In der Nebensaison werden die Herbergen gern von Jugendgruppen und Schulklassen belegt, so dass Einzelwanderer oft abgewiesen werden. Online-Buchungen sind inzwischen selbstverständlich oder wenden Sie sich telefonisch, per Fax oder E-Mail an die entsprechenden Herbergen.

> Weitere aktuelle Informationen, insbesondere was Preise und Öffnungszeiten angeht, finden Sie im Internet unter 💻 www.danhostel.dk.

> DANHOSTEL **Rønne** Vandrerhjem, Arsenalvej 12, 3700 Rønne,
> ☎ +45 56 95 13 40, FAX +45 56 95 01 32, ✉ roenne@danhostel.dk,
> 💻 www.danhostel-roenne.dk, 🕐 in der Regel von Anfang April bis Mitte Okt

- DANHOSTEL **Hasle** Vandrerhjem, Fælledvej 28, 3790 Hasle,
  ☎ +45 56 94 00 11, ✉ hasle@danhostel.dk, 🖥 www.danhostel-hasle.dk,
  🕒 in der Regel von Anfang April bis Mitte Oktober
- **Sandvig** Vandrerhjem „Sjøljan", Hammershusvej 94, 3770 Allinge,
  ☎ +45 56 48 03 62, FAX +45 56 48 18 62, 🖥 www.cykel-vandrerhjem.dk,
  🕒 in der Regel von April bis Oktober (Anmerkung: die Jugendherberge gehört nicht mehr dem dänischen Jugendherbergsverband an. Online-Buchungen sind nicht möglich.)
- DANHOSTEL **Gudhjem** Vandrerhjem, Løkkegade 7, 3760 Gudhjem,
  ☎ +45 56 48 50 35, FAX +45 56 48 56 35, ✉ gudhjem@danhostel.dk,
  🖥 www.danhostel-gudhjem.dk, 🕒 in der Regel ganzjährig
- DANHOSTEL **Svaneke** Vandrerhjem, Reberbanevej 9, 3740 Svaneke,
  ☎ +45 56 49 62 42, ✉ info@danhostel-svaneke.dk,
  🖥 www.danhostel-svaneke.dk, 🕒 in der Regel von Anfang April bis Ende Okt.
- **Dueodde** Vandrerhjem og Camping, Skrokkegaardsvejen 17, Dueodde, 3730 Nexø, ☎ +45 20 14 68 49, info@dueodde.dk, 🖥 www.dueodde.dk, 🕒 in der Regel von Ende April bis Ende September. Die Herberge gehört nicht zum Jugendherbergsverband. Die Preise sind daher etwas höher. Genaues entnehmen Sie bitte der oben angegebenen Internetseite.
- DANHOSTEL **Boderne** Vandrerhjem, Bodernevej 28, 3720 Aakirkeby,
  ☎ +45 56 97 49 50, ✉ boderne@danhostel.dk, 🖥 www.rosengaarden.dk,
  🕒 in der Regel von April bis Mitte Oktober

Campingplätze

Wildes Zelten ist in Dänemark grundsätzlich verboten.

Auf Bornholm gibt es 18 gut ausgestattete Campingplätze und einige sehr einfache Naturlagerplätze.

Die dänischen **Campingplätze** haben einen relativ hohen Standard. Gute und saubere Sanitärgebäude, Aufenthaltsraum, Kiosk, Kinderspielgeräte und Selbstversorgerküchen sind selbstverständlich. Die Stellplätze sind relativ großzügig geschnitten, wobei Radfahrer und Wanderer, die in der Regel nur kleine Zelte mit sich führen, oft auf speziellen Wiesen untergebracht werden.

Die Selbstversorgerküchen sind mit Herd und Waschbecken ausgestattet. Koch- und Essgeschirr ist nicht immer vorhanden. Nehmen Sie deshalb zumindest einen Topf, Messer, Gabel, Löffel, Teller und Becher selbst mit.

Reservierungen sind bei kleinen Zelten nicht unbedingt nötig. Ich würde es aber für die Hauptsaison empfehlen. Die meisten Campingplätze haben von Ende April bis Mitte September geöffnet.

Die Preise liegen zwischen DKK 75 und 150 pro Übernachtung/Person und eine Campingkarte ist obligatorisch. Diese erhalten Sie auf dem ersten Zeltplatz den Sie anlaufen. Sie kostet einmalig DKK 110 für das Kalenderjahr. Die genauen Übernachtungspreise und Öffnungszeiten finden Sie auf den angegebenen Internetseiten der Campingplätze.

Übrigens, viele Campingplätze vermieten auch tage- meist allerdings wochenweise einfache kleine **Hütten**. Das könnte eine gute Alternative zu Zelt oder Jugendherberge sein. Welcher Campingplatz Hütten (H) oder Zimmer (Z) vermietet, entnehmen Sie bitte der folgenden Liste.

- **Rønne Galløkken Strand Camping**, Strandvejen 4, 3700 Rønne, ☏ +45 40 13 33 44, FAX +45 56 95 23 63, ✉ info@gallokken.dk, 🖥 www.gallokken.dk (H)
- **Rønne Nordskov Camping**, Antoinettevej 2, 3700 Rønne, ☏ +45 56 95 22 81, ✉ info@nordskoven.dk, 🖥 www.nordskoven.dk (H)
- **Hasle Camping**, Fælledvej 30, 3790 Hasle, ☏ +45 56 94 53 00, ✉ info@hasle-camping.dk, 🖥 www.haslecamp.dk (H)
- **Lyngholt Familiecamping** (an der Straße zwischen Vang und Allinge), Borrelyngvej 43, 3770 Allinge, ☏ +45 56 48 05 74, ✉ info@lyngholt-camping.dk, 🖥 www.lyngholt-camping.dk (H)
- **Sandvig Familiecamping**, Sandlinien 5, 3770 Allinge, ☏ +45 56 48 04 47, ✉ sandvigcamping@c.dk, 🖥 www.sandvigcamping.dk (H)
- **Sandkaas Familiecamping**, Poppelvej 2, 3770 Allinge, ☏ +45 56 48 04 41, ✉ camping@sandkaas-camping.dk, 🖥 www.sandkaas-camping.dk, (H)
- **Bådsted Camping**, Sønder Strandvej 91, 3760 Gudhjem, ☏ +45 56 48 42 30, FAX +45 56 48 44 30, 🖥 www.bornholmerguiden.dk/camping/badsted/ (kleiner Platz, nur im Sommer geöffnet)
- **Gudhjem Camping „Sletten"**, Melsted Langgade 36A und 45, 3760 Gudhjem, ☏ +45 56 48 50 71, ✉ info@gudhjemcamping.dk, 🖥 www.gudhjemcamping.dk
- **Strandlunden Familie & Naturcamping**, Melstedvej 33, 3760 Gudhjem, ☏ +45 56 48 52 45, ✉ info@strandlundencamping.dk, 🖥 www.strandlundencamping.dk (H)

- **Sannes Familiecamping**, Melstedvej 39, 3760 Gudhjem, ☎ +45 56 48 52 11, FAX +45 56 48 52 52, ✉ sannes@familiecamping.dk, 🖥 www.familiecamping.dk (H)
- **Svaneke Familiecamping**, Møllebakken 8, 3740 Svaneke, ☎ +45 56 49 64 62, 🖥 www.svaneke-camping.dk
- **Hullehavn Camping**, Sydskovvej 9, 3740 Svaneke, ☎ +45 56 49 63 63, ✉ mail@hullehavn.dk, 🖥 www.hullehavn.dk
- **Nexø Familiecamping**, Stenbrudsvej 26, 3730 Nexø, ☎ +45 56 49 27 21, ✉ nexocamp@mail.dk, 🖥 www.nexocamp.dk (H)
- **Balka Strand Familiecamping** Klynevej 6, Snogebæk, 3730 Nexø, ☎ +45 56 48 80 74, ✉ info@balkastrand-familiecamping.dk, 🖥 www.balkastrand-familiecamping.dk (H)
- **Bornholms Familiecamping**, Krogegårdsvejen 2, Dueodde, 3730 Nexø, ☎ +45 56 48 81 50, FAX +45 56 48 81 51, ✉ mail@bornholms-familiecamping.dk, 🖥 www.bornholms-familiecamping.dk (Z)
- **Dueodde Vandrerhjem og Camping**, Skrokkegårdsvejen 17, Dueodde, 3730 Nexø, ☎ +45 20 14 68 49, ✉ info@dueodde.dk, 🖥 www.dueodde.dk (Z)
- **Møllers Dueodde Camping**, Duegårdsvej 2, 3730 Nexø, ☎ +45 56 48 81 49, ✉ moeller@dueodde-camp.dk, 🖥 www.dueodde-camp.dk (H)
- **Aakirkeby Camping**, Haregade 23, 3720 Aakirkeby, ☎ +45 56 97 5 551, ✉ info@acamp.dk, 🖥 www.acamp.dk (H)

Einige Worte noch zu den sogenannten **Naturlagerplätzen**. Auch auf Bornholm gibt es eine Reihe „primitiver" Zeltplätze, die zum einmaligen Übernachten für Wanderer und Radfahrer gedacht sind. Die Plätze bieten keinerlei Komfort und sind höchstens mit Wasserhahn, Grillstelle, einfachem Klo und manchmal auch mit Dusche ausgerüstet. Die Plätze werden von Privatleuten, Kommunen oder von der Naturbehörde „Naturstyrelsen" angeboten und betreut. Die Übernachtungsgebühr beträgt DKK 25 pro Tag und Person. Die Plätze sind nicht großartig ausgeschildert. Um sie zu finden, braucht man das Verzeichnis „Overnatning i det fri", in dem die genaue Adresse, Anfahrt, Öffnungszeiten, Ausstattung und andere nützliche Informationen hinterlegt sind. Das Verzeichnis erscheint alle zwei Jahre neu und ist außer dem Regelwerk nur in dänischer Sprache verfasst.

> Grundsätzlich kann man sich über die Naturlagerplätze unter der Webadresse 🖥 www.teltpladser.dk und 🖥 www.udinaturen.dk informieren. Das Verzeichnis ist in Deutschland im Webshop 🖥 www.geobuchhandlung.de erwerbbar.

Laut Naturbehörde waren im Frühjahr 2014 20 Naturlagerplätze auf Bornholm registriert. In der Liste sind die Namen der Plätze angegeben und die zu kontaktierenden Besitzer bzw. Verwalter.

- ⛺ Allinge (zwischen Allinge und Hammershus): Jytte og Hans Henrik Krak, Egeløkke, Moseløkkevej 5, 3770 Allinge, ☎ 56 48 01 08
- ♦ Ellesgård (Paradisbakkerne): Hans Jørgen Bjerregård, Ibskervej 35, 3740 Svanneke, ☎ 56 49 21 65
- ♦ Gulhave (Südrand Almindingen - östlich von Vestermarie): Anne og James Thomas, Guldbakkevejen 6, 3720 Aakirkeby, ☎ 55 36 62 02 oder 31 45 01 40
- ♦ Lejrpladsen Baunehøj (westlich von Arnager und nördlich des Flughafens): Jens-Erik Larsen, Skrædderbakkevejen 2, 3700 Rønne, ☎ 30 22 17 00
- ♦ Lille Sursænkegård (zwischen Knudsker und Nyker): Holger Olsen, Sursænkevej 8, 3700 Rønne, ☎ 56 96 30 29
- ♦ Slettegård (zwischen Gudhjem und Østerlars): Ole Harrild, Gudhjemvej 35, 3760 Gudhjem, ☎ 56 49 50 28

Die Naturbehörde „Naturstyrelsen" hat außerdem im Zusammenarbeit mit der Regionalkommune Plätze mit **Sheltern** (Unterständen) eingerichtet. Shelter sind offene schräge Holzverschläge, die mit einer hölzernen Liegefläche ausgestattet sind und auf der in der Regel 5 bis 6 Personen mit Schlafsäcken und Liegematte für eine Nacht unterkommen können. Zelten ist auf diesen Plätzen nicht erwünscht. Es gilt das Prinzip „wer zuerst kommt, mahlt zuerst". Wer die Zweigstelle Bornholm der Naturbehörde (Ekkodalsvejen 2, 3720 Aakirkeby) kontaktieren will schreibt an ✉ jekau@nst.dk oder ruft an unter ☎ 72 54 31 41.

- ⌂ Shelter Arnager (1,5 km östlich von Arnager am Søndre Landevej, südlich vom Bauernhof Store Strandbygård - kein WC, kein Wasser) Koordinaten: 55°03'12"N, 14°47'56"E)
- ♦ Shelter i Blykobbe Plantage (etwa 100 m südlich der Blykobbe Å, am westlichen Waldrand, nahe an Waldweg - kein WC, kein Wasser)
- ♦ Shelter Hammersøen (am Südwestende des Sees - WC, kein Wasser)

- Shelter Hareløkkerne (Almindingen, am Radweg gegenüber der Trabrennbahn - WC, kein Wasser)
- Shelter Hasle Lystskov (nordwestlich vom Rubinsø und östlich vom Fælledvej - WC am Parkplatz Glasværksvej)
- Shelter Lindesbjerg (Almindingen, südlich Bastemose, Lindesbjergvej - WC, kein Wasser)
- Shelter Ørninge Mose (Vestermarie Plantage, ab Glasvejen/Ørningevej Waldweg nach Osten, südlich des Moors - WC, kein Wasser)

Naturstyrelsen bzw. Bornholms Regionskommune haben weitere „primitive" Zeltplätze ohne jegliche Ausstattung ausgewiesen:

- Bastemose (Almindingen, südlich Segenvej und Bastemosehus, am Radweg Nr. 25)
- Bassebo (Strandmarken, westlich von Dueodde, nahe Strand und nahe der Au Munkebæk) (Koordinaten: 54°59'39"N, 15°02'40"E)
- Finnedalen (nördlich von Vang, etwas nördlich der Au Pissebæk und westlich vom Finnedalsvej)
- Rø Plantage (Nordrand, südlich vom Mortingevej, am Nordvej) Übrigens: die gesamte Rø Plantage ist zum einfachen Zelten freigegeben (d.h. eine Nacht, ein kleines Zelt, Abstand zu Wohnhäusern oder Straßen)
- Salene (westlich von Gudhjem, Strandnah, etwas westlich der Bobbe Å)
- Sose (etwa 1 km östlich von Sose Odde, östlich der Mündung der Lille Å) (Koordinaten: 55°02'32"N, 14°50'42"E)
- Sæne havn (südlich von Hammerhavn, nahe der Südmole) (Koordinaten: 55°16'36"N, 14°45'21"E)

Updates

Der Conrad Stein Verlag veröffentlicht Updates zu diesem Buch, die direkt vom Autor oder von Lesern dieses Buches stammen. Bitte suchen Sie vor Ihrer Abreise auf der Verlags-Homepage www.conrad-stein-verlag.de diesen Titel. Unter dem Link „mehr lesen" finden Sie alle wichtigen Informationen.

Der abgebildete QR-Code führt Sie direkt zu der richtigen Seite.

Versorgungsmöglichkeiten und Öffnungszeiten

In allen größeren Orten finden Sie Supermärkte, die täglich so zwischen 8:00 und 18:00 geöffnet haben. Selbst am Sonntag haben die meisten Märkte geöffnet, so dass Sie in der Regel keine Probleme haben, Ihren Bedarf an Nahrungsmitteln zu decken. Auch **Bäckereien** sind in größeren Orten üblich. Diese haben alltags teilweise schon ab 6:30 geöffnet.

Selbstversorgung mit Pilzen in Almindingen (rg)

Behörden, Postämter, Museen, Touristinformationen, Arztpraxen und **Non-Food-Geschäfte** haben natürlich kürzere Öffnungszeiten, die sich alltags um die Kernzeit von 10:00 bis 16:00 orientieren. Am Sonnabend hat der Einzelhandel zwischen 10:00 und 13:00 seine Türen geöffnet.

Gaststätten finden Sie in allen größeren und/oder touristischen Orten. **Schnellimbisse, Cafeterias, Cafés** und natürlich die urgemütlichen **Räuchereien** sorgen für ein vielfältiges Angebot. Die Preise sind allerdings relativ hoch, so dass der Gaststättenbesuch nicht unbedingt täglich auf dem Plan steht.

In der kostenlosen Touristenzeitschrift „Denne Uges Bornholm" finden Sie Adressen, Anzeigen und Hinweise zu Geschäften, Kunsthandwerkern und Speisestellen aller Art.

Wetter

Bornholms Wetter wird maßgeblich durch das atlantische Meeresklima geprägt. Doch auch das trocken-kalte bzw. -heiße Kontinentalklima übt einen starken Einfluss auf das Wetter der Insel aus.

Die atlantischen Westwinde führen feucht-milde Luftmassen bis in die südliche Ostsee, erwärmen Land und Meer und sorgen für ein üppiges Pflanzenwachstum. Die kontinentalen Luftmassen dagegen sorgen im Winter für ein trockenes und kaltes Wetter, welches zum Zufrieren der Ostsee im östlichen Bereich führt. Im Sommer sorgt die kontinentale Luft für heißes und trockenes Wetter und erwärmt das Ostseewasser angenehm.

Bornholm bekommt von allem ein bisschen ab.

Durch die nur langsame Erwärmung der Ostsee setzt der Frühling mit Verzögerung ein, so dass erst Ende April/Anfang Mai der Winter ausgestanden ist. Der Sommer dagegen zieht sich bis weit in den September hinein, so dass meist ein angenehmer und stabiler Frühherbst zu erleben ist.

Der Winter ist mild, feucht und windig. Allerdings sind schneereiche und eiskalte Phasen üblich.

Die durchschnittlichen Tagestemperaturen pendeln zwischen 2°C im Winter und 20°C im Sommer. Angenehme Tagestemperaturen bieten die Monate Mai bis Oktober, wobei die Nächte vor allem im Mai und im Frühsommer mit 6 bis 11°C relativ kühl sind. Die Nachttemperaturen schwanken ansonsten zwischen -2°C im Februar und 15°C im August.

Die Wassertemperaturen in der Ostsee klettern selten über 17°C. In heißen Sommern kann stellenweise schon mal 20°C erreicht werden. Badesaison ist zwischen Ende Juni und Mitte September.

Mit Niederschlägen müssen Sie das ganze Jahr über rechnen. In der Zeit von Oktober bis Februar sind etwa 10 Tage pro Monat durch Niederschläge geprägt. In der übrigen Zeit sind 7 bis 9 Tage pro Monat registriert. Die Sommermonate glänzen mit durchschnittlich 7 bis 8 Regentagen.

Bornholm wirbt mit Sonnenstunden, dessen Anzahl in der Zeit von April bis September höher sind als im übrigen Dänemark. Mai und Juni liegen mit knapp 240 Std. im Monat an der Spitze, es folgen Juli und August mit 220 bzw. 210 Std. Der April verzeichnet etwa 170 Std. und der September kommt immerhin noch auf 140 Std.

*Auch im Sommer kann es Regen und Sturm geben.
Autor an der Küste bei Svaneke.*

Bornholms Wetter bedeutet, dass Sie zu jeder Jahreszeit die kombinierte Wind- und Regenjacke, die Regenhose und einen warmen Woll- oder Fleecepullover im Gepäck haben sollten. Eine Mütze gehört ebenso in den Rucksack wie Sonnenbrille, Sonnenhut und Sonnenschutzcreme.

Allgemeine Informationen zum Wandern auf Bornholm

Bornholm ist eine Insel mit wundervollen, abwechslungsreichen Küstenpfaden. Schon in früheren Zeiten wurden längs der zerklüfteten Felsküste Rettungswege angelegt, um gestrandeten Schiffen schnelle Hilfe bringen zu können. Diese Wege und Pfade sind heute als Wanderwege ausgewiesen. Im Süden der Insel verlaufen viele Wanderwege auch direkt über den Sandstrand. Im Inselinneren sind für dänische Verhältnisse relativ große Wälder angelegt. Auch dort kann man spannende Wanderungen erleben.

Charakter: Bis auf wenige Ausnahmen sind alle Wanderwege auf schmalen Wald- oder Küstenpfaden angelegt. Nur selten müssen asphaltierte Abschnitte benutzt werden. Da Bornholm sehr hügelig ist und mit vielen Felsklippen und Steilküsten durchsetzt ist, sind fast alle Wanderwege mit vielen kleinen, aber durchaus anstrengenden Auf- und Abstiegen gewürzt. Bei steileren Passagen unterstützen Treppen die Fortbewegung. Insgesamt sind die Höhenunterschiede aber nicht groß, so dass auf Höhenprofile verzichtet werden kann. Der Auf- bzw. Abstieg vom Strand auf die Steilküsten kann schon mal 30 m bis 50 m, selten mehr betragen.

Die meisten Küstenwanderungen sind nur als **Streckenwanderung** machbar, da Straßen und landwirtschaftliche Nutzflächen dicht an die Küsten heranreichen und damit wenig Hinterland für attraktive Rundtouren vorhanden ist. Dank des öffentlichen Busverkehrs kann man aber fast immer gut zum Ausgangspunkt zurückkehren.

Die meisten der beschriebenen Touren können aufgrund der relativ kurzen Strecken aber auch hin- und zurückgewandert werden. Das eröffnet oft völlig neue Perspektiven und man hat nicht das Gefühl, alles schon einmal gesehen zu haben.

Die Küstenwanderungen 2, 3 und 5 und alle Wanderungen in den Bornholmer Wäldern dagegen sind **Rundwanderungen**.

Alle beschriebenen Touren, bis auf Wanderung 18, sind als Halbtagestouren konzipiert. Die Streckenlängen liegen zwischen 4 und 6 und selten mal mehr Kilometern. Viele der Wanderungen sind kombinierbar. Als mittlere Gehzeit werden 3 km pro Stunde angenommen. Planen Sie zusätzlich immer ausreichend Pausenzeiten ein.

Wanderung 18 beschreibt den Fernwanderweg **Kyststi**. Dieser rund 122 km lange Weg umrundet die Insel auf den küstennahen Pfaden und kann in 5 bis 7 Tagen bewältigt werden.

Schwierigkeitsgrad und Eignung: Zusammenfassend kann man die Wanderungen als leicht oder anspruchsvoll einstufen. "Leicht" bedeutet: Die Wege sind gut ausgebaut und markiert. Die Auf- und Abstiege sind nicht nennenswert und Strandabschnitte sind problemlos gehbar. Die Einstufung „anspruchsvoll" bedeutet: Die Tour ist mit vielen kleinen Auf- und Abstiegen durchsetzt. Die Pfade sind schmal, gewunden, teilweise holprig und bei Nässe glitschig und streckenweise schlecht markiert. Strandabschnitte sind nur mühevoll gehbar.

Alle Wanderungen sind im Prinzip für jederfrau/mann, der/die gesund ist und durchschnittliche Kondition mitbringt, geeignet. Auch für Familien mit Schulkindern sind die Touren gut machbar.

Die Küsten- und Waldpfade sind nur partiell für Radfahrer, Rollstuhlfahrer und Kinderwagenschieber geeignet. Wer Wanderungen mit dem Fahrrad plant, sollte dies schnellstens verwerfen, denn ein Großteil der Pfade ist sehr schmal und ausgesprochen holprig. Das Radeln auf den Pfaden ist darüber hinaus nicht erlaubt und auch nicht erwünscht.

Gefahren: Bei Feuchtigkeit besteht erhöhte Verletzungsgefahr, weil die mit Gräsern, Baumwurzeln und nassem Gestein durchsetzten Pfade sehr glitschig werden können. Nach längeren Regenfällen können die unbefestigten Wege aufweichen und vermatschen. Richtiges Schuhwerk sowie aufmerksames und bedächtiges Gehen erhöhen die Trittsicherheit. Als Schuhe haben sich leichte Wanderstiefel mit Profilsohle, die den Knöchel bedecken und den Fuß insgesamt stabilisieren, bewährt.

Bei Starkwind oder Sturm müssen Sie im Bereich baumgesäumter Wege mit herunterfallenden Ästen rechnen. Bei auflandigen Stürmen kann, insbesondere an flacheren Felsküsten, Gischt die Sicht behindern und damit die Fortbewegung bremsen. Auch die Lärmentwicklung bei Sturm sollte nicht unterschätzt werden. An den großen Sandstränden ist bei Sturm oder Starkwind mit Sandflug zu rechnen, der die Sicht mindert und für empfindliche Augen schmerzhaft ist.

Auflandige starke Winde bzw. Stürme können im Bereich der Südküste zu Überschwemmungen des Strandes führen, die ein Vorwärtskommen entlang der Küste unmöglich machen. Auch besteht die Gefahr, dass die Sandsteinsteilküste unterspült wird und Teile des Steilhanges herunterbrechen. Die Wege oben an der Abbruchkante sind dann tunlichst zu meiden. Besonders im Winterhalbjahr müssen Sie mit dieser Möglichkeit rechnen.

In der Ostsee spielen Ebbe und Flut keine große Rolle, aber der sogenannte „Badewanneneffekt", der besonders nach Stürmen auftritt, ist zu berücksichtigen. Das bedeutet: Bei ablandigen starken Winden wird das Wasser von der Küste weggedrückt und Sie erleben extremes Niedrigwasser. Lässt der Wind schließlich nach, kehrt das Wasser zurück und Sie erleben extremes Hochwasser, welches eventuell die Strände überspült und die Steilküsten unterspült und damit den Küstenweg zeit- und stellenweise unpassierbar macht.

„Kyststimännchen" mit Pfeil

Orientierung und Ausschilderung: Im Bereich der Küste wird man kaum Orientierungsprobleme haben, da die Wege überwiegend direkt der Küstenlinie folgen. Alle Küstenwege sind als „Kyststi" ordentlich markiert. Die großen orangen Metallschilder mit der Aufschrift „Kyststi" stehen an Orten, wo ein Einstieg bzw. Ausstieg in den Küstenweg möglich ist, wie z.B. an Wanderparkplätzen, Ortsausgängen, Häfen. Die Schilder geben unter Angabe der Entfernung die nächsten Zielpunkte an.

Unterwegs werden Sie vorwiegend das kleine, orange Schild mit dem weißen, stilisierten Wandersmann sehen und suchen. Es markiert den Küstenweg unter Zuhilfenahme von Richtungspfeilen. Übrigens: Das dänische Wort „Sti" heißt natürlich kleiner Weg oder Pfad.

Sollten Sie, aus welchem Grund auch immer, mal vom Pfad abkommen, so ist das nicht weiter schlimm. Da der „Sti" mehr oder minder der Küstenlinie folgt, sollte es nicht schwer sein, den Pfad wiederzufinden.

Die Ergänzungswege zu den Küstenpfaden oder die Wege und Pfade in den Wäldern sind meist mit gelben Punkten an Bäumen und Wegkreuzungen markiert. Andere Farben werden eher selten gebraucht.

Als **Wanderkarte** kommt die Kompass Wanderkarte 236 Bornholm 1:50.000 in Frage. Auch nutzbar als Wanderkarte ist die auf topografischer Grundlage im Maßstab 1:50.000 erstellte Radkarte des Dänischen Fahrradverbandes. Weitere Anmerkungen dazu gibt es im Kapitel „Reise-Infos von A bis Z" unter dem Stichwort „Literatur und Landkarten".

Ausrüstung: Die Minimalausrüstung für alle Wanderungen sei kurz aufgelistet: gut sitzender Rucksack, leichte knöchelhohe Wanderschuhe mit Profilsohle, kombinierte Wind- und Regenjacke, Regenhose, Pullover oder Fleece, Kopfbedeckung (Mütze oder Sonnenhut), Sonnenbrille, Sonnenschutzmittel, Pflaster und Verbandszeug, Tagesproviant, ausreichend Getränke, Wanderkarte, Busfahrplan, Fotoapparat und für den „besseren" Blick eventuell ein leichtes Fernglas. Geld, Kreditkarten, Ausweis und Handy gehören zur persönlichen Ausrüstung und bedürfen eigentlich keiner weiteren Erwähnung.

☺ Über Komplettausrüstung und wie man eine Trekkingtour durchführt, informieren die entsprechenden OutdoorHandbücher der Serie „Basiswissen für draußen" aus dem Conrad Stein Verlag.

Wegdarstellung in den Kartenskizzen: Die schmalen und überwiegend unbefestigten Pfade sind in den Kartenskizzen dieses Buches mit durchgezogener Linie eingezeichnet. Das gleiche gilt für Wald- und Feldwege. Die gestrichelten Wegabschnitte führen direkt über den Strand. Die Abschnitte, die Ortschaften durchqueren oder auf kleinen Straßen bzw. auf kombinierten Fuß- und Radwegen neben größeren Straßen verlaufen und asphaltiert oder gepflastert sind, sind in den Kartenskizzen gepunktet markiert.

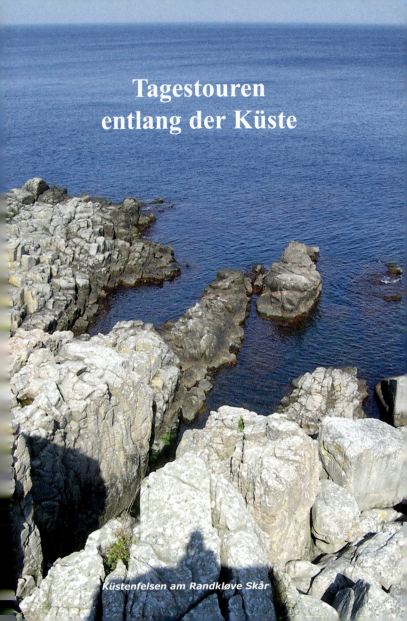

Tagestouren entlang der Küste

Küstenfelsen am Randkløve Skår

Wanderung 1:
Von Rønne zur Museumsräucherei in Hasle

Diese angenehme Küstenwanderung führt Sie aus der Inselmetropole in die Sandfluchtwälder zwischen Rønne und Hasle. Zu Seen gewordene Tongruben und eine Schlackehalde erzählen Geschichten aus alten Tagen. Und am Ende kann man sich in der herausgeputzten Museumsräucherei mit leckererem, geräuchertem Hering stärken.

Kurzinfo: leichte, 9 km lange Streckenwanderung, die vorwiegend auf Waldwegen und Dünenpfaden verläuft. Sie sollten etwa 3 Stunden reine Gehzeit einkalkulieren.
Ausschilderung: „Kyststi"
Ausgangspunkt: Rønne Nord, Nordskovens Camping, Reichsstraße 159 nach Hasle
Öffentlicher Verkehr: Bus Linie Nr. 4 bzw. 1, 8 bzw. 7 und 10 ab Hasle Torv oder ab Nordskovens Camping
Einkehrmöglichkeiten unterwegs: Waldhotel „Skovly"

0,0 Die Wanderung beginnt an der Reichsstraße 159 kurz hinter dem Zeltplatz Nordskovens Camping in Rønne. Am Eingang des Waldweges zur Blykobbe Plantage sehen Sie das Schild „Kyststi" und bekommen die Information, dass es bis zum nächsten Ziel, Levka, noch 5 km sind. Auch der Radweg Nr. 10 läuft anfangs parallel zu Ihrer Wanderstrecke. Doch nach etwa 700 m, kurz hinter einem großen etwas heruntergekommenen Waldanwesen teilen sich Wander- und Radweg. Sie folgen dem linken Waldweg, der Radweg geht rechts.

Sowohl die Blykobbe Plantage als auch der nach Norden anschließende Hasle Lystskov wurden Anfang des 19. Jahrhunderts als Küstenschutzwälder angelegt. Der permanente Sandflug in dieser Gegend verursachte beträchtliche Probleme, die erst durch die Bepflanzung der Küstendünen behoben werden konnten. Heute stehen hier herrliche Mischwälder und an der Küste selbst ist ein schöner Sandstrand zu finden.

1,2 Es wird Zeit, nicht nur Meer zu spüren, sondern auch zu sehen. Es gibt hier in der Plantage zahllose kleine Pfade, die runter an den

Tagestouren - 1. Von Rønne zur Museumsräucherei in Hasle

Strand führen. Sie folgen einem und gelangen bald zu einem niedrigen, mit Strandhafer bewachsenen Dünenkamm, dahinter liegt relativ feiner Sandstrand und natürlich das Meer. Wer baden mag, wenn das Klima es zulässt, hat hier Gelegenheit. Das Wandern im Sand ist allerdings auf die Dauer recht mühsam und so schlagen Sie sich wieder in den Wald und gelangen auf einem der Pfade zurück zu dem doch recht breiten Waldweg, auf dem der Wanderweg momentan verläuft.

3,3 Sie gelangen zur Mündung einer Au, der Blykobbe Å. Die Au wird gestaut und kann über eine schmale Brücke überquert werden. Dahinter auf einer Anhöhe befindet sich ein sehr schöner Aussichtspunkt mit Bank, der einen Blick über die Küste bis zu den Hafenanlagen von Rønne freigibt. Folgt man der Au ein Stück flussauf, erreicht man „Skovly", ein hübsches kleines Waldhotel, wo man auch einen Imbiss einnehmen kann.

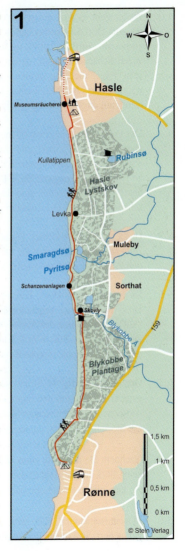

4,0 Weiter geht es jetzt auf schmalen Küstenpfaden bis zur Stichstraße, die zum Dorf Sorthat hochführt. Sie bleiben am Wasser und kommen vorbei an „Sorthats batteri og feltbatteri (1807)". Dies ist eine von vielen Schanzenanlagen, deren Reste man über die gesamte Küste verteilt vorfindet. Sie wurden zumeist Anfang des 19. Jahrhunderts während der Napoleonischen Kriege angelegt und ihre Kanonen waren auf englische Kriegsschiffe gerichtet.

4,2 Der Weg erreicht jetzt ein offenes Gelände und führt an zwei künstlichen Seen vorbei: zuerst am Pyritsø, dann am Smaragdsø. Beide Seen waren ursprünglich Tongruben, die für die inzwischen stillgelegte und im nahen Wald gelegene Hasle Klinkerfabrik ausgebeutet wurden und heute mit Wasser gefüllt sind. Der Wanderweg setzt seine Spur zwischen Sandstrand, Dünenkamm und Wald fort.

5,5 Levka, früher ein kleines Fischerdorf, ist heute ein unscheinbares Anwesen. Sie überqueren die Stichstraße, umgehen die Häuser durch den Wald und gelangen wieder ans Meer.

6,0 Sie erreichen eine kleine Lore und eine mehrsprachige Informationstafel, die auf einer vegetationslosen Schlackehalde stehen. An den „Kullatippen" wurde der Aushub des Rubinsees - Rubinsø - abgekippt. Dieser liegt etwa 800 m östlich im Wald. Dort wurde zuletzt im Zweiten Weltkrieg Kohle abgebaut.

6,5 Der idyllisch gelegene Strand südlich von Hasle markiert den Übergang zwischen Sand und Stein. Während hier noch relativ feiner Sand vorherrscht, werden wenige Meter weiter Steine dominant, die dann, wie Sie sehen werden, immer größer und höher werden.

7,0 Nachdem Sie die Reste eines alten Schießstands passiert haben und einen Blick auf die Hafeneinfahrt von Hasle werfen konnten, erreichen Sie eine offene Fläche oberhalb der Steilküste und dann die

8,0 Museumsräucherei. Hier wird noch auf traditionelle Weise Fisch geräuchert. Sie können den Fisch dort kaufen und auch verspeisen. Im

Strand kurz vor Hasle

Museum wird die Geschichte der Bornholmer Heringsräucherei anschaulich erzählt. In einem Nebengebäude finden Sie interessante Schautafeln über die Hasle Kommune. Sie bekommen Informationen z.B. über die Steinbrüche bei Vang oder über die Hafenwirtschaft. Die Räucherei hat in der Saison täglich von 10:00 bis 17:00, in der Hauptsaison sogar bis 21:00, geöffnet. Den ofenfrischesten Fisch gibt es gegen 11:00.

Die Jugendherberge und der Campingplatz liegen in unmittelbarer Nähe der Räucherei. Wer ins Zentrum und zum Hafen der kleinen Stadt will, muss noch ein paar Meter wandern.

9,0 **Hasle** ist eine hübsche Kleinstadt mit 1.800 Einwohnern und einem viel zu großen Hafen. In der Stadt gibt es diverse Versorgungsmöglichkeiten: Bäcker, Supermarkt, Geldautomat, WC, Hafenkiosk mit Grill. Die Bushaltestelle ist direkt im Zentrum am Marktplatz „Torvet". Die Touristinformation finden Sie im alten Rathaus am Markt, Storegade 64.

Wanderung 2: +3
Vang - Ringebakker - Jons Kapel - Vang

Diese abwechslungsreiche Rundwanderung gehört zu den schönsten Inseltouren. Vom kleinen Küstenort Vang an der felsigen Nordwestküste geht es hoch in den Wald und in das Felsgebiet „Ringebakker". Verlassene und an die Natur zurückgegebene Steinbrüche und mächtige, mit modernem Gerät ausgebeutete Granitbrüche durchziehen die Landschaft. Der Pfad durch das enge und düstere Blåskinsdal führt zum Rettungsweg an die Küste und in vielen Treppenstufen geht es runter zu Jons Kapel. Der Rückweg nach Vang entlang der hohen Felsküste folgt spannenden, teils offenen Pfaden mit herrlichen Ausblicken auf die Ostsee.

> **Kurzinfo:** anspruchsvolle 6 km lange Rundwanderung auf teilweise sehr schmalen Wald- und Küstenpfaden mit zahlreichen kleinen Auf- und Abstiegen und Treppenstufen bei Jons Kapel. Sie sollten etwa 2½-3 Stunden reine Gehzeit einkalkulieren.
> **Ausschilderung:** „Kyststi" und Hinweissteine
> **Ausgangspunkt:** Vang Hafen
> **Öffentlicher Verkehr:** Bus Linie Nr. 10, 7 und 8
> **Einkehrmöglichkeiten:** in Vang Cafe Misty direkt am Hafen und Restaurant Le Port oberhalb des Hafens
> **Kombinierbar mit:** Wanderung 3

0,0   Die Tour beginnt am kleinen Hafen von **Vang**. Sie wenden sich nach Süden und folgen dem „Vandmøllevej" in den Wald und erreichen schon bald ein kleine alte

0,2   Wassermühle. Sie ist oberläufig und stammt aus dem Jahr 1811. Sie folgen nicht der Ausschilderung „Jons Kapel", sondern gehen weiter durch den Wald über den „Vandmøllevej" hoch zum asphaltiertem „Ringedalsvej". Sie folgen ihm ein kurzes Stück nach rechts, aber schon nach 50 m zweigt ein Pfad nach links zum „Mølledam" ab.

0,9   Der auf der Ostseite von hohen Felsen flankierte See „Mølledam" liegt in einem dunklen Wald und man kommt sich vor wie in einem Urwald. Der Pfad windet sich am Westufer entlang.

1,1 Der Abzweig nach links am Ende des Sees wird ignoriert und Sie gehen rechts, folgen dem unmarkierten Pfad über Stock und Stein durch den üppigen Wald. Im Sommer, wenn die Vegetation explodiert, wird man Mühe haben, den Pfad zu erkennen.

1,5 Sie erreichen die Zufahrt zu einem Steinbruch, wo schon lange nicht mehr gearbeitet wird. Der „Sti" geht am Rande des Steinbruchs entlang und mündet bei einem Hinweisstein mit der Inschrift „Ringedal" auf den

1,7 Radweg Nr. 10. Sie folgen dem geschotterten Weg nach Süden Richtung Hasle, werfen einen Blick links auf den Steinbruch und rechts über die Ostsee und erreichen nach gut 600 m einen Hinweisstein, der ins

2,3 "Blåskinsdal" zeigt. Sie folgen dem Pfad und befinden sich schon bald in einer dunklen wildromantischen Schlucht. Ein schmaler Bach windet sich durch, über, unter und zwischen den Felsen. Überall liegen umgefallene Bäume, die auch oft den Weg versperren und das Ganze zur Kletterpartie werden lassen. Efeu umrankt viele Baumstämme und Moos verhüllt so manchen Stein. Alles wirkt kalt, feucht und irgendwie gespenstisch.

Doch schließlich landen Sie auf dem

2,9 Küstenpfad. Sie biegen links ab und schon nach wenigen Metern stehen Sie an der Treppe, die zu Jons Kapel hinabführt.

3,2 **Jons Kapel** ist ein 22 m hoher, frei stehender Felsen unten am Fuße der Felsküste. Steile Holztreppen in einem Diabasgang führen hinunter zum Strand und zur ehemaligen Zuflucht des Mönches Jon, der in heidnischer Zeit hier zwischen den Felsen und kleinen Höhlen hauste und versuchte, die Bornholmer zum Christentum zu bekehren. Jons Kapel zählt heute zu den meistbesuchten Sehenswürdigkeiten der Insel. Wundern Sie sich nicht, wenn es hier teilweise recht betriebsam zugeht.

Treppen zu Jons Kapel

Nach diesem schweißtreibenden Treppenlauf geht es erst mal auf bekanntem Weg bis zum Abzweig

3,5 "Blåskinsdal" zurück. Der Pfad steigt an und wird von windschnittiger Vegetation eingerahmt. Doch es gibt immer wieder auch offene Stellen, wo der Blick in die Ferne schweifen kann.

3,8 An einer Schutzhütte können Sie erst mal tief durchatmen und die Aussicht bis Hammershus, Hammeren und eventuell zur schwedischen Küste genießen. In der Schutzhütte informieren Tafeln über das frühere Bornholmer Rettungssystem und die Rettungswege.

4,6 Einsam und unerreichbar steht unten der Strandfelsen „Krageturen" und trotzt den Elementen.

Das Felsgebiet zwischen Jons Kapel und Vang wird **Ringebakker** genannt und es befinden sich dort einige Steinbrüche. Allerdings ist der Abbau von Granit so gut wie zum Erliegen gekommen, denn heute wird in der Bauindustrie vor allem mit Beton und Asphalt gearbeitet. Zuletzt wurden für den Bau der Beltbrücke große Mengen an Granit gebrochen, die über die Ladepier - mit der schon seit langem sichtbaren Schutzmole - südlich von Vang verschifft wurden.

Felsküste bei Jons Kapel

5,2 Einen Einblick in den großen Steinbruch südlich von Vang erhalten Sie beim Überqueren einer bogenförmigen Eisenbrücke. Die Fußgängerbrücke mit den blickdurchlässigen Gitterstufen überspannt den Weg zwischen Verladepier und Steinbruch. Langsam steigen Sie über bewaldete Pfade hinunter zum kleinen Hafen von Vang ab.

5,7 Doch bevor Sie den Hafen (Kilometer 6,0) erreichen, schließt sich die Wanderung an der alten Wassermühle in Vang.

Vang selbst besteht aus einigen in die Steilküste gebauten Wohnhäusern und einem kleinen Sport- und Fischereihafen. Am Hafen gibt es ein Café, ein WC und eine Bushaltestelle. Etwas weiter oben an der Serpentinenstraße befindet sich das Restaurant „Le Port", wo man bei guter Aussicht speisen kann.

Der öffentliche Bus fährt nicht bei jeder Tour runter zum Hafen. Die Haltestelle „Udsigten" oben am Ortseingang (etwa 1 km vom Hafen) dagegen, wird bei allen Touren angefahren. Näheres entnehmen Sie bitte dem Busfahrplan oder fragen Sie den Busfahrer bei der Hinfahrt.

Wanderung 3: +2 *(handwritten) wichtig Tall*
Vang - Slotslyngen - Hammershus - Vang

Eine Heide mit herrlichen Aussichten, wunderbar erodierte Felsformationen und eine über dem Meer thronende Burgruine kennzeichnen eine Rundwanderung, die man keinesfalls verpassen sollte. Vom kleinen Küstenort Vang an der felsigen Nordwestküste erklimmt man die „Schlossheide", wo blökende Schafe und ihre Ausscheidungen den Weg markieren. Der hoch über dem Meer gelegenen Rettungspfad lässt herrliche Ausblicke über die Ostsee und auf die Schlossruine von Hammershus und den Felsbuckel „Hammeren" zu. Nachdem man die „Löwen-" oder „Kamelköpfe" in der Brandung gesehen hat, steigt man hoch zur Burg. Der Rückweg folgt einem düsteren Tal und führt zurück über die Schlossheide nach Vang.

Kurzinfo: anspruchsvolle knapp 8 km lange Rundwanderung auf teilweise sehr schmalen Wald- und Küstenpfaden mit zahlreichen kleinen Auf- und Abstiegen und Treppenstufen bei Vang und Hammershus. Sie sollten etwa 3-3½ Stunden reine Gehzeit einkalkulieren.
Ausschilderung: „Kyststi" und gelbe Punkte
Ausgangspunkt: Vang Hafen oder Hammershus Slotsgården
Öffentlicher Verkehr: Bus Linie Nr. 7 und 8, 2 oder 10
Einkehrmöglichkeiten: Vang Cafe Misty am Hafen und oberhalb Restaurant „Le Port", Hammershus Slotsgården
Kombinierbar mit: Wanderung 2, 4 oder 5
Karte ☞ Seite 47

0,0 Vom kleinen Hafen in Vang geht man zum Kies- und Steinstrand nördlich von Vang.

0,6 Kurz vor der Mündung der „Pissebæk" geht es über Holztreppen die bewaldete Steilküste hoch. Der parallel fließende Bach nährt einen dichten und feuchten Wald. Im Frühjahr stürzt der Bach durchaus beeindruckend die Steilküste hinab. Zum Herbst hin bleibt allerdings nur noch ein Rinnsaal übrig. Oben überqueren Sie den Bach und kommen in die „Schlossheide".

0,8 **Slotslyngen** ist ein bis zu 80 m hoher Felsbuckel südlich von Hammershus, der ursprünglich zum Weideland des Schlosses zählte. Heute gehört das Gebiet dem Staat und steht unter Naturschutz. Die Forstverwaltung ist bemüht, das Terrain als Heide zu erhalten. Dazu wurden Schafe und Ziegen angesiedelt, die das Wachstum von Sträuchern und Bäumen einschränken sollen, was aber bisher eher mäßig geglückt ist. Slotslyngen wächst langsam zu.

Der Küstenpfad erreicht ein offenes Gelände, so dass ein prächtiger Ausblick über die Ostsee, zur Hammershusruine, nach Hammeren oder zurück nach Vang möglich ist.

Schlossheide, Blick auf Hammershus und Hammeren

1,7 Nachdem Sie das Schafsgatter und die Schutzhütte hinter sich gebracht haben, geht es wieder in den Wald.

2,3 Wieder kommen Sie an ein Gatter und davor ist eine Wegverzweigung. Sie wählen den Weg durch das Gatter und es geht durch den Küstenwald ins

2,7 Tal. Das „Mølledal" trennt die Felsbuckel Slotslyngen und Hammershus. Am Steinstrand von „Møllevig" ist Zeit für eine kurze Verschnaufpause. Wer mag, kann bei gutem und trockenem Wetter den Strandfelsen umklettern. An der Seeseite befindet sich die Höhle „Tørre Ovn".

Sie gehen anschließend ein kurzes Stück in das „Mølledal" hinein, machen aber schon nach 150 m am Schild „Løvehovederne" eine Kehre und folgen dem Weg hinauf zur Felsküste unterhalb vom Hammershus. Sie ist steil und zerklüftet und mit einigen Höhlen durchsetzt.

Die Löwen oder Kamelköpfe unterhalb von Hammershus

3,2 Sie erreichen eine Treppe, die hoch nach Hammershus führt. Doch gehen Sie ruhig noch ein paar Schritte weiter. Von einer Brücke blicken Sie hinab zu einer wunderbar erodierten, von Wasser umgebenen Felsformation. Die Löwen- oder Kamelköpfe, dänisch „Løvehovederne" oder auch „Kamelhovederne" bezeichnet, sind ein schönes Fotomotiv und bei tobender Brandung natürlich besonders beeindruckend. Wer mag, folgt dem Weg runter und schaut sich die Felsformation noch aus näherer Perspektive an.

Doch dann geht es zurück zur Treppe, denn es wird Zeit für Hammershus.

Hammershus, Nordeuropas größte Burgruine, thront 72 m über der Ostsee. Ein Besuch der Anlage ist unbedingt lohnenswert. Planen Sie für den

Besuch etwa 1 bis 1½ Stunden ein. Der Zutritt zum Gelände ist kostenlos und jederzeit möglich. Legendär sind die Sonnenuntergänge, die man bei entsprechender Wetterlage hier genießen kann. Der interessierte Besucher kann sich über auf dem Gelände verteilte Schautafeln, die auch mit deutschen Texten versehen sind, über Geschichte und Bedeutung von Hammershus informieren. Im nahe gelegenen „Slotsgården", auf der Nordostseite der Anlage, sind eine Cafeteria, ein kleines Museum und öffentliche Toiletten untergebracht. An den Parkplätzen unterhalb finden Sie auch die Bushaltestelle, die in der Saison von den Linien 7 und 8, 2 und zeitweise 10 angefahren wird.

4,0 Der Rückweg führt durch das „Paradisdalen". An der Ostseite, wo der Hauptzugang zur Schlossruine ist, findet sich der Einstieg. Ein Schild weist hinab ins „Finnedal" und ins „Mølledal". Diesem Weg folgen Sie 100 m bis zu einem allein stehenden ausladenden Baum. Dort verlassen Sie den Weg, gehen geradeaus, nach Südosten weiter, überqueren einen Bach und steigen in das wildromantische „Paradisdalen" auf. Der holprige Weg durch das üppig bewachsene Spaltental folgt einem Bach und ist mit gelben Punkten markiert. Doch man muss schon sehr gut aufpassen, dass man sie nicht aus dem Auge verliert. Zwischendurch führt eine Treppe hoch zu einem Aussichtspunkt und Sie können den vorerst letzten Blick auf Hammershus werfen.

4,5 Der Bach wird überquert. Der Pfad geht nach Westen, steigt wieder an und bringt Sie in einen Kiefern- und Birkenwald und zum

4,7 80 m hohen „Troldsbjerg". Ein Stein markiert die relativ offene, aber wenig aussichtsreiche Stelle.

4,8 Ein kleiner Waldsee wird passiert.

6,0 Bei einem Schafstall und einem Gatter endet der Wald und es geht in die offene Schlossheide. Und kurz danach gibt es auch endlich wieder Meerblick. Es geht weiter grob Richtung „Südwest". Vereinzelte gelbe Punkte markieren den Verlauf des Weges durch die Heide.

6,7 Der Hügel „Finnetop" liegt ebenfalls um die 80 m hoch. Der Ort Vang kommt in Sicht und auch Hammeren im Norden ist gut erkennbar. Es geht bergab.

7,0 An einem Gatter stoßen Hin- und Rückweg zusammen. Während der Küstenwanderweg nach rechts und hinab zum Strand führt, gehen Sie links am Naturlagerplatz vorbei und marschieren über den geschotterten Radweg Nr. 10 zurück nach Vang.

7,5 Folgen Sie der Straße runter zum „Havnen" und Sie gelangen zum

7,8 Hafen von Vang.

Hinweise zu Vang finden Sie bei Wanderung 2.

Alternativ kann man die Rundtour natürlich auch in Hammershus beginnen. Starten Sie dann ihre Wanderung über das „Paradisdalen" nach Vang und nähern Sie sich wie oben beschrieben der Burgruine über den Küstenpfad an.

Wanderung 4: Hammershus - Hammeren - Sandvig

Von Nordeuropas größter Burgruine geht es auf den schroffen Granitbuckel Hammeren. Der Küstenpfad auf „Bornholms Hammer" bietet alles, was der Wanderer begehrt: ein wunderschöner, anspruchsvoller Pfad im offenen Gelände mit herrlichen Aussichten, flankiert von steilen, zerklüfteten Felsküsten mit donnerndem Wellenschlag, rauen Schären und windschnittiger Vegetation.

Kurzinfo: anspruchsvolle 6 km lange Streckenwanderung; davon 1,2 km Asphaltwege, ansonsten sehr schmale Küstenpfade mit zahlreichen kleinen Auf- und Abstiegen und Treppenstufen bei Hammershus. Kalkulieren Sie etwa 2-2½ Stunden reine Gehzeit ein.
Ausschilderung: „Kyststi" und gelbe Punkte
Ausgangspunkt: Hammershus

Tagestouren - 4. Hammershus - Hammeren - Sandvig

Öffentlicher Verkehr: nach Hammershus oder Sandvig Bus Linie Nr. 7 und 8, 2 und zeitweise 10
Einkehrmöglichkeiten unterwegs: Hammerhavn Kiosk
Kombinierbar mit: Wanderung 3

0,0 Nach einer ausführlichen Besichtigung der Schlossruine Hammershus (☞ auch Wanderung 3) und weiten Blicken über die Ostsee bis nach Schweden geht es an der Westseite der Ruine über Treppenstufen runter zum Küstenpfad. Dann schlagen Sie Richtung Nord ein.

0,7 Die Felsküste unterhalb von Hammershus ist steil und zerklüftet und mit einigen Höhlen durchsetzt. Der zu Löwenköpfen erodierte, von Wasser umgebene Felsen „Løvehovederne" (auch Kamelköpfe „Kamelhovederne" genannt) ist eine herausragende Felsformationen in diesem Küstenabschnitt. Langsam wandern Sie weiter und staunen immer wieder über die Naturschönheiten am Wege.

1,5 Es geht zum **Hammerhavn** hinunter. Dieser relativ großzügige Hafen wurde angelegt, um den Granit, der früher hier im Umfeld gebrochen wurde, zu verschiffen. Am Hafen finden Sie eine öffentliche Toilette und einen neuen, modernen Kiosk. In der Saison kann man auch mit einem kleinen, offenen Boot Ausflüge zu den Höhlen und Felsen unterhalb von Hammershus unternehmen. Nördlich des Hafens steigt der Weg an und Sie erreichen

1,8 **Hammeren** oder Hammerknuden. Bornholms felsige Nordspitze ist ein großer Granitbuckel, der durch eine Senke zwischen Sandvig und Hammerhavn, in deren Mitte der „Hammer Sø" liegt, vom Rest der

Insel abgetrennt erscheint. Die Gletscher der letzten Eiszeit schliffen den Felsen, dessen höchster Punkt immerhin 82 m beträgt, rund und hinterließen eine abgeflachte und zerzauste Schärenküste im Norden und eine schroffe und teilweise recht steile Südwestseite. Große Teile von Hammeren sind inzwischen mit Birken, Kiefern und Eichen bewaldet. An der Ostflanke befinden sich einige stillgelegte Steinbrüche und Gruben, die heute mit Wasser gefüllt sind und wildromantische Seen bilden.

Hammeren, auf dem Küstenpfad

Hammeren ist mit vielen interessanten Wanderwegen durchzogen. Der Rettungsweg an der Westseite zwischen Hammerhavn und Sandvig gehört sicher zu den populärsten Wanderwegen Dänemarks, so dass man in diesem Streckenabschnitt immer mal wieder Leuten begegnet. Der Küstenpfad verläuft überwiegend in offenem Gelände, wobei sich der Pfad anfangs relativ hoch über dem Meer und später durch flachere Gefilde schlängelt.

4,0   Die Ruine von Salomons Kapel erinnert an einen alten Handelsplatz, der hier zur Zeit der Hanse angesiedelt war und vor allem Heringe feilbot. Doch nachdem die Heringsschwärme verschwanden, gab man diesen Ort auf.

4,8   Sie erreichen den Leuchtturm „Hammerodde Fyr" an der Nordspitze Bornholms.

Ein bisschen wehmütig verlassen Sie die Westküste, aber schon kurz hinter dem Leuchtturm, oberhalb der Schärenküste, haben Sie das Panorama der Nordostküste bis Gudhjem vor sich. Der asphaltierte, schmale und für den öffentlichen Verkehr gesperrte Weg führt Sie vom Leuchtturm entlang der Küste zum Ferienort

6,0   Sandvig, dessen feinen Sandstrand Sie schon bald erblicken und erreichen. Hinter dem Strand liegt der Campingplatz, der zahlreiche Stellplätze mit Meerblick bietet.

Sandvig ist ein traditionell touristisch geprägter, hübscher kleiner Ort mit vielen Übernachtungsmöglichkeiten: private Jugendherberge, Campingplatz, Pensionen, Tagungshäuser und Hotels. Zahlreiche Restaurants sorgen für ein reichhaltiges Speiseangebot. Wer sich allerdings selbst versorgen will, ist schlecht bedient. Der nächste Supermarkt ist in Allinge. Am Campingplatz befindet sich noch ein Kiosk. Dort gibt es immerhin heißen Kaffee, Burger, Hot Dog und Süßkram aller Art. Die Bushaltestelle „Gammel Station" liegt etwas oberhalb des Ortes an der Straße nach Hammershus.

Wanderung 5: Rund um Hammeren

Bornholms felsiger Norden ist durch den bis zu 82 m hohen Granitbuckel **Hammeren***, auch Hammerknuden genannt, geprägt. Die Gletscher der letzten Eiszeit haben ganze Arbeit geleistet und hinterließen eine abgeflachte und zerzauste Schärenküste im Norden und eine schroffe und teilweise recht steile Südwestseite. Große Teile von Hammeren sind inzwischen mit windschnittigen Birken, Kiefern und Eichen bewaldet. An der Ostflanke befinden* *sich einige stillgelegte Steinbrüche und Gruben, die heute mit Wasser gefüllt sind und wildromantische Seen bilden. Die folgende Rundwanderung gehört zu den schönsten und populärsten Wanderungen der Insel. Sie ist aber durchaus anspruchsvoll und man sollte sich viel Zeit lassen, um all die Naturschönheiten genießen zu können.*

Kurzinfo: anspruchsvolle 6,5 km lange Rundwanderung; davon 2,2 km Asphaltwege, ansonsten sehr schmale Wald- und Küstenpfade mit zahlreichen kleinen Auf- und Abstiegen. Sie sollten etwa 2½-3 Stunden reine Gehzeit einkalkulieren.
Ausschilderung: „Kyststi" und gelbe Punkte
Ausgangspunkt: Sandvig
Öffentlicher Verkehr: Bus Linie Nr. 2, 10, 7 und 8
Einkehrmöglichkeiten unterwegs: Hammerhavn Kiosk
Kombinierbar mit: Wanderung 3
Anmerkung: Wanderung 5 und 4 sind teilweise identisch, nur ist bei dieser Wanderung die Strecke geschlossen und die Wegführung verläuft anders herum, was zu neuen und anderen Eindrücken führt.
Karte ☞ Seite 55

0,0 **Sandvig**, der kleine Ferienort oben im Norden Bornholms soll Ausgangs- und Endpunkt dieser wunderschönen Wanderung werden. Gehen Sie einfach runter zum Badestrand und folgen Sie diesem nach Norden. Lassen Sie den Campingplatz links liegen und Sie erreichen einen kleinen asphaltierten Weg, der nur von Fußgängern benutzt werden darf und der zum Leuchtturm „Hammerodde Fyr" führt. Werfen Sie ab und an einen Blick zurück und genießen Sie die Aussicht auf die Ostküste Bornholms bis Gudhjem.

1,2 Der Leuchtturm steht am nördlichsten Punkt Bornholms. Hier endet der befestigte Weg und auch der angepflanzte Wald. Der Küstenweg schlängelt sich auf schmalem Pfad durch eine offene Heidelandschaft zur Küste hinab. Schmale Buchten, niedrige Klippen, kleine Schären und einzelne Salzwiesen bilden eine wunderschöne, wilde und zerzauste Küstenlandschaft, die bei frischem Westwind von tosender Brandung durchspült wird.

2,0 **Salomons Kapel**. Die Überreste einer Kirche kennzeichnen einen alten Handelsplatz aus der Hansezeit. Heringe, das Gold der Hanse, wurden hier angeboten. Doch als die Heringsschwärme ausblieben, gab man diesen windigen Platz auf.

Über Stock und Stein geht es weiter an der Küste entlang. Langsam steigt der Weg etwas an und gewinnt an Höhe.

Hammeren, hohe Felsküste am Kælderhals

3,2 Die Südwestseite Hammerens ist Steilküste. Am „Kælderhals", dem westlichsten Punkt Hammerens, kann man fast 40 m in die Tiefe schauen - und natürlich über die Ostsee und bei guter Sicht bis nach Schweden.
Kurze Zeit später kommen die schroffen Felsküsten bei Vang und wenig später auch die Schlossruine von Hammershus in Sicht.
Der Küstenpfad wird im weiteren Verlauf von undurchdringlichem Gestrüpp aus Schlehen, Wacholder und Brombeeren flankiert. Unten zeigt sich der Hafen **Hammerhavn**.

Hinweis: Wer mag, kann zum Hammerhavn heruntergehen und sich am Kiosk mit Eis oder Getränken versorgen. Auch Bootsfahrten zu den Felsen unterhalb von Hammershus werden hier angeboten. Alles nur in der Saison selbstverständlich. Ansonsten ist es hier relativ ruhig und auch die Verschiffung von Granit, zu deren Zweck dieser Hafen angelegt wurde, ist längst Geschichte.

4,0 Während der Küstenwanderweg „Kyststi" über eine Treppe nach Süden zum Hafen abzweigt, folgen Sie den Pfad oberhalb des Hafens nach Osten und erreichen nach 200 m einen roten Holzpfeiler. Dort biegen Sie nach links auf einen Pfad, der nach Norden führt, ab. Er windet sich durch den Wald und steigt langsam, aber stetig auf.

4,4 Ein Aussichtspunkt gibt den Blick nach Westen, Osten und Süden und nach unten zum Südende des Hammer Sees frei. Wenig später: Unten, eingerahmt von senkrechten Felsen liegt der „Opalsø". Die Nordflanken ragen mächtig in die Höhe und sind heute von vielen Vögeln bevölkert. Früher war hier ein großer Granitsteinbruch. Jetzt hat die Natur ihn sich wiedergeholt. Unterhalb des Opalsees liegt der größte See Bornholms, der „Hammer Sø". Hammeren war einst eine eigene Insel. Aber der Sund zwischen Sandvig und Hammerhavn versandete und es blieb der Hammersee. Der Weg steigt weiter und öffnet sich am

4,6 "Krystalsø". Auch dieser hübsche kleine See ist Produkt menschlicher Steinbrecherei. Das ganze Umfeld ist mit Felsen und Steinen übersät und bietet schöne, kleine Klettereien. Der Pfad geht am mit 82 m höchsten Punkt Hammerens vorbei und erreicht den

4,9 Leuchtturm **Hammer Fyr**. Der große Turm kann bei gutem Wetter bestiegen werden. Es erwartet Sie eine tolle Aussicht. Wer ihn nicht besteigt (oder wenn der Turm geschlossen ist), sollte trotzdem seinen Blick über Land und Meer schweifen lassen. Dann geht es ein Stück über den befestigten Fahrweg durch den Wald hinunter bis zum Hammer Sø.

5,7 Am Nordende des Sees steht wieder ein Pfahl. Es zweigt ein kleiner Weg nach links ab. Nach 50 m muss ein Gatter passiert werden. Der leider nur sporadisch mit gelben Punkten markierte Pfad biegt nach Norden in die Felslandschaft ab. Er ist holprig, schmal und steigt erst mal kräftig an und es geht 250 m über Stock und Stein, durch Wald und Heide. Oben in der Heide blicken Sie hinab auf Sandvig und über die Ostsee. Der nicht immer leicht erkennbare Pfad führt zum Meer hinab, orientiert sich an der Westgrenze des Campingplatzes und endet schließlich am Parkplatz und am

6,5 Badestrand von Sandvig.

Kurze Hinweise zu Sandvig finden Sie bei Wanderung 4.

Wanderung 6: Allinge - Sandkås - Tejn

Diese gemütliche Wanderung an der Nordostküste Bornholms verläuft größtenteils über einen schön angelegten Pfad zwischen den Klippen und wird durch einige hübsche Sandstände unterbrochen.

Kurzinfo: leichte 4,5 km lange Streckenwanderung auf gut angelegten Pfaden und Wegen. Sie sollten etwa 1½-2 Stunden reine Gehzeit einkalkulieren.
Ausschilderung: „Kyststi"
Ausgangspunkt: Allinge oder Tejn
Öffentlicher Verkehr: Bus Linie Nr. 1 und 4, 2, 7 und 8

0,0 **Allinge** ist ein kleines Hafenstädtchen mit vielen Versorgungsmöglichkeiten: Supermärkte, Bäcker, Apotheke, Bankautomaten, Touristinformation, Tankstelle, Bushaltestelle,

Kleiner Sandstrand südlich von Allinge

Ausflugsboot nach Christiansø u.a. Nach einem kurzen Bummel durch die hübschen Gassen, geht es am Hafen weiter.

Sie folgen einfach der Küste: Nordbornholms Røgeri, dann ein kleiner Sandstrand mit WC und schließlich der schön angelegte Pfad entlang den Strandklippen nach Sandkås. Der Weg ist trotz einiger kleiner Auf- und Abstiege unproblematisch, man kommt zügig voran und hat immer wieder schöne Ausblicke Richtung Gudhjem oder zurück nach Allinge.
Die Küste ist mit kleinen Buchten, Schären, Felsen und Geröll zerklüftet und durch Wind und Wellen erodiert. Kleine Salzwiesen, Moose, Schlehengestrüpp und wilde Rosen gedeihen im Umfeld des Gesteins. Laubbäume wie Esche und Vogelkirsche ergänzen das Bild und bieten vielen Vögeln Schutz und Heim.

2,5 In **Sandkås** wird die Felsküste durch einige Sandstrandabschnitte unterbrochen. An der nahe gelegenen Küstenstraße befinden sich einige Wohnhäuser, Hotels, Pensionen, Restaurants und ein Campingplatz. Ansonsten ist Sandkås wenig attraktiv. Man könnte jetzt einfach umdrehen und über den Küstenweg zurück nach Allinge gehen, um nochmals den schönen Klippenweg zu genießen. Die Freunde maritimer Kultur aber werden weiter zum Hafen und zur Werft nach Tejn gehen wollen.

Der Küstenwanderweg folgt einer geschotterten Fahrspur, die in ein kleines Industriegebiet und schließlich zum Hafen von Tejn führt.

4,5 **Tejn** ist das größte Fischerdorf auf Bornholm. Das zeigt schon der große Hafen und die noch aktive kleine Reparaturwerft, an deren Slipanlage man oft Fischkutter in ihrer vollen Größe aufgebockt sieht. Am Hafen ist ein kleiner Supermarkt. Im Ort finden Sie einige Gaststätten, einen Bäcker, Telefonzelle, Bushaltestelle und ein öffentliches WC.

Wanderung 7: Stammershalle - Døndalen - Helligdomsklipperne

Kultur und Natur sind das Motto dieser Küstenwanderung im Nordosten Bornholms. Die Wanderung beginnt an einem Gräberfeld mit herrlichem Blick über die Ostsee. Nach einer Straße und einer steinigen Bucht geht es später in einen dunklen Wald mit einem donnernden Wasserfall. Die ausgiebige Erkundung der Klippenlandschaft von Helligdommen ist anstrengend, spannend und absolut lohnenswert. Der abschließende Besuch im Kunstmuseum ist Entspannung und Genuss zugleich.

Kurzinfo: anfangs leichte, später anspruchsvolle 6 km lange Streckenwanderung; davon 1 km Asphaltweg, ansonsten schmale Küstenpfade mit zahlreichen kleinen Auf- und Abstiegen und vielen Treppenstufen im Bereich Helligdomsklipperne. Sie sollten etwa 2½-3 Stunden reine Gehzeit einkalkulieren.
Ausschilderung: „Kyststi"
Ausgangspunkt: Stammershalle Restaurant- und Apartmenthotel
Öffentlicher Verkehr: Bus Linie Nr. 1 und 4, 2, 7 und 8
Kombinierbar mit: Wanderung 8

0,0   Fahren Sie mit dem Bus nach **Stammershalle**. Auto- und Radfahrer lassen am besten ihre fahrbaren Untersätze am Kunstmuseum in Helligdommen stehen und pendeln mit dem Bus das kurze Stück hoch. Südlich von Tejn liegt eine kleine Ansiedlung mit Namen Stammershalle. Am Restaurant und Apartmenthotel steigen Sie aus. Direkt gegenüber der Anlage ist offenes Felsgelände mit Gräbern aus der Bronze- und Eisenzeit. Drei Bautasteine kennzeichnen die Ausgrabungsstelle und lassen einen schönen Blick auf Küste und Meer zu.

Die ersten Meter der Wanderung gehen leider längs der im Sommer recht stark befahrenen Küstenstraße. Glücklicherweise gibt es einen kombinierten Rad- und Fußweg. Diesem folgen Sie nach Süden.

0,5   Wenig später, diesmal rechts von der Straße im Wald, können Sie eine weitere Grabanlage besichtigen. Im „Troldskoven" können Sie eine kleine Schiffssetzung sowie einige einzelne Bautasteine anschauen. Eine Informationstafel an der Straße gibt auch in deutscher Sprache kurze Hintergrundinformationen dazu preis.

0,8   Augen auf bitte. Das Schild „Kyststi", das Sie wieder auf normale Wanderpfade führen soll, ist sehr unauffällig angebracht. Ein schmaler Weg, „Jydeskæret" genannt, führt ans Meer und zum kleinen Bootshafen von Bådsted. Hinter dem Hafen geht es dann auf schmalen Pfaden längs der Felsküste weiter. Sie passieren den steinigen Strand von Bådsted, von dessen Badesteg Sie übrigens einen schönen Ausblick auf die Klippen von Helligdommen haben, und erreichen wenig später die Mündung der Døndal Å. Å heißt auf Deutsch Au oder kleiner Bach.

2,0 Wer mag, kann jetzt einen Abstecher in das wildromantische **Døndal** unternehmen. Der Rundweg hat eine Länge von etwa 1,5 km und führt durch ein üppig bewachsenes Spaltental und zu einem Wasserfall, der immerhin eine Fallhöhe von fast 20 m hat. Allerdings lohnt sich die Tour nur in der nassen Jahreszeit. Im Sommer „donnert" es wenig und lediglich ein trauriges Rinnsal plätschert den Felsen hinab. Der gut ausgebaute Waldweg beginnt oben an der Reichsstraße, nördlich der Brücke. Das Schild „Vandfald" weist in die Schlucht, die aufgrund ihrer Feuchtigkeit fast urwaldartig erscheint. Auf halbem Weg geht rechts ein Abstecher in die Höhe. Eine Treppe führt auf ein Plateau, wo ein großer Findling mit Namen „Amtmandsstenen" liegt. Der schöne Ausblick über Bäume und Tal belohnt für die Mühe. Zurück auf dem Hauptweg geht es hurtig zum Wasserfall weiter.
Der Rückweg führt durch den Wald auf der südlichen Schluchtseite und zurück zur Straße, wo Sie einen Parkplatz mit WC-Haus erreichen. Nach Überquerung der Brücke geht es wieder hinunter zum Meer und zur

3,5 Aumündung und Sie können Ihre Küstenwanderung fortsetzen.
Langsam wandern Sie dem Höhepunkt der Tour entgegen. Der bewaldete Küstenpfad, der zwischen Klippen und Steinstränden verläuft, steigt stetig an und schon bald sind die ersten Ausläufer der Steilküste von

4,0 **Helligdomsklipperne** erreicht. Das jetzt zu durchwandernde Gebiet gehört sicher zu den imposantesten Küstenabschnitten auf Bornholm. Die Küste ist schroff, stark zerklüftet und mit Spalten, Felssäulen und Grotten durchsetzt. Einzelne Felsen ragen etwa 20 m aus dem Meer auf. Der Wanderweg verläuft oben auf der bewaldeten Steilküste, etwa 25 bis 30 m über dem Meer. In einigen Spaltentälern kann man über Holztreppen bis zur Küste absteigen. Lassen Sie sich Zeit und erkunden das Gebiet ausführlich. Es ist anstrengend und spannend und an einigen exponierten Punkten kann man herrliche Aussichten genießen. Zum Schluss geht es zurück zu den Libertsklippen. Oberhalb davon ist der Weg zum Kunstmuseum und zur Bushaltestelle.

Helligdomsklipperne, Libertsklippen

6,0 Die Libertsklippen sind der Ausgangspunkt zur Erkundung der Felsküste von Helligdomsklipperne. Die steilen Holztreppen führen hinunter zur Anlegestelle des Ausflugsbootes nach Gudhjem. Das kleine, offene Boot „Thor" fährt in der Saison und bei sicheren Winden mehrmals täglich nach Gudhjem und zurück. Ein Fahrplan hängt oben am Weg zum Kunstmuseum (☞ auch Reise-Infos von A bis Z/Schiffsausflüge).

Bornholms Kunstmuseum, oberhalb von Helligdomsklipperne gelegen, ist, was die äußere Erscheinung angeht, umstritten. Doch machen Sie sich selbst ein Bild und planen etwa eine gute Stunde für den Besuch der Ausstellung ein. Zu sehen sind im Wesentlichen Bilder bedeutender Bornholmer Maler. Das Museum ist in der Regel von Dienstag bis Sonntag zwischen 10:00 und 17:00 geöffnet.

Wanderung 8:
Helligdomsklipperne - Gudhjem

Die spannende Küstenwanderung beginnt an der imposanten Felsküste von Helligdomsklipperne. Nach ausführlicher Erkundung geht es durch den Wald hinunter zum Strand und zum Felsen Stevelen. An den Ufern der Salne Bucht setzt sich der Weg fort, bis man schließlich die malerische Kleinstadt Gudhjem erreicht. Apropos Maler: Am Anfang und Ende der Wanderung kann Bornholmer Kunst bewundert werden.

Kurzinfo: anspruchsvolle 6,5 km lange Streckenwanderung, die besonders im Gebiet Helligdomsklipperne auf teilweise sehr schmalen Wald- und Küstenpfaden mit zahlreichen kleinen Auf- und Abstiegen und Treppenstufen auch sehr anstrengend sein kann. Sie sollten etwa 2½-3 Stunden reine Gehzeit einkalkulieren.
Ausschilderung: „Kyststi"
Ausgangspunkt: Gudhjem Hafen oder Bushaltestelle an der Reichsstraße (Tankstelle gegenüber der Mühle)
Öffentlicher Verkehr: Bus Linie Nr. 1 und 4, 2, 7 und 8, 9
Einkehrmöglichkeiten unterwegs: Dine's lille maritime café in Røsted
Kombinierbar mit: Wanderung 7 und 9

0,0 Die schönste Annäherung an die Felsküste von Helligdomsklipperne ist sicher die über den Seeweg. Das kleine Boot „Thor" fährt von Mai bis September und bei guter Wetterlage mehrmals täglich vom Hafen Gudhjem in die Klippen und zurück (☞ auch Reise-Infos von A bis Z/Schiffsausflüge). Von der Anlegestelle an den Libertsklippen führen steile Holztreppen nach oben auf die Klippen und über einen passablen Weg geht es weiter zum Kunstmuseum.
Alternativ nehmen Sie in Gudhjem den Bus der Linie 4 oder 8 Richtung Allinge/Sandvig und steigen am Kunstmuseum in Helligdommen aus. Achtung: Nicht alle Busse fahren in der Hauptsaison zum Hafen runter. Aber alle Busse halten oben an der Reichsstraße - an der Tankstelle, gegenüber der Mühle. Die Haltestelle heißt „Gudhjem Øvre".
Wie auch immer Sie anreisen, ein Besuch des Kunstmuseums ist durchaus lohnenswert. Es werden vor allem Werke Bornholmer Maler

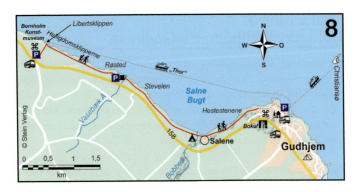

gezeigt. Planen Sie dafür mindestens eine Stunde ein. Das Museum ist in der Regel von Dienstag bis Sonntag zwischen 10:00 und 17:00 geöffnet.

Nach diesem Ausflug in die Kunst geht es zur Küste und zur ausführlichen Erkundung der Klippen von Helligdommen. Wind und Wellen haben in Jahrtausenden das Urgestein angenagt und eine schroffe, stark zerklüftete und mit Spalten, Felssäulen und Grotten durchsetzte Küstenlandschaft geschaffen. Dann kamen die Pflanzen und siedelten sich an geschützten Stellen an und oben auf der Steilküste entstand sogar ein Wald. In alter Zeit gab es hier eine heilige Quelle und die Bornholmer besuchten diesen geweihten Ort zur Johannisnacht an Mittsommer und nannten ihn Heiligtumsfelsen - Helligdomsklipperne.

0,3 An den Libertsklippen, oberhalb des Bootsanlegers, soll die Wanderung nach Gudhjem beginnen. Wer mag, erkundet noch schnell die Klippen nördlich davon und kehrt dann hierhin zurück. Der Wanderweg verläuft oben auf der bewaldeten Steilküste, etwa 25 bis 30 m über dem Meer. In einigen Spaltentälern kann man über Holztreppen bis zur Küste absteigen. Immer wieder wird man an Aussichtspunkte gelockt und blickt in die Tiefe und auf das Meer.
Es braucht schon seine Zeit, um alle Schleifen, Niedergänge, Höhlen und Aussichtspunkte in dieser zerfurchten Felsenlandschaft abzuwan-

dern. Und egal bei welchem Wetter, diese Gegend ist einfach ein Hochgenuss. Vorsicht ist natürlich bei Nässe geboten, wenn die Treppen und Wege glitschig sind, oder wenn der Sturm ohrenbetäubend Brecher gegen die Felsen peitscht und die Bäume sich gefährlich beugen.

1,0 Langsam wandelt sich das Landschaftsbild. Der Weg verläuft nun teilweise offen zwischen Feld und bewaldeter Abbruchkante. Das entspannte Vorwärtskommen wird durch schöne Blicke die Steilküste hinunter angereichert. Störend wirkt nur das Dröhnen der Motoren auf der sich nähernden Reichsstraße. Der Weg senkt sich zum Strand.

2,0 Der steinige Strand von „Røsted" lädt zu einem Picknick ein, auch wenn der Geruch des modernden Seegrases der Nase schon einiges zumutet. Aber das ist ein Duft der Ostsee! Ihr Blick schweift zurück die Küste hoch nach Allinge und voraus nach Gudhjem, das nicht mehr weit entfernt liegt. Der Weg steigt wieder in die Höhe und Sie erreichen die alte Strandvogtei, wo heute „Dine's lille maritime café" Kaffee, Kuchen und von der Terrasse einen tollen Ausblick über die

Küstenfelsen „Stevelen"

Ostsee anbietet. Es folgt der Parkplatz des Cafes an der Reichsstraße und kurz davor geht es links am Schild „Gangsti til Gudhjem" zurück auf schmale Pfade.

3,0 Sie befinden sich jetzt oberhalb der Küstenfelsen, die „Stevelen" genannt werden. Der Weg führt durch den Wald hinunter zum Strand und zu einer Aumündung. Die Treppe, die Sie unterwegs passieren, führt hinauf zur Reichsstraße, wo sich ein Parkplatz mit WC befindet. Unten am Steinstrand können Sie „Stevelen" von der Seite betrachten. Von Helligdommen verwöhnt, zieht man rasch weiter.

Der Waldweg, der jetzt dem Verlauf der Salne Bugt folgt, bietet wenig Aufregendes. Sie kommen schnell voran und erreichen schon bald die Brücke über die Mündung der Bobbeå.

4,0 An der Aumündung in Salene gibt es einige Ferienhäuser. Dann steigt der gut ausgetretene Pfad leicht an und Sie wandern die bewaldete Steilküste hoch, die später offener wird, so dass sich schöne Meerblicke ergeben.

5,3 An den Bautasteinen „Hestestenene" (Pferdesteine) verweilen Sie kurz, blicken nochmals zurück in die Salne Bugt und wandern die letzten Schlenker oben auf dem Steilufer, bis der „Nørresand Havn", der Nordhafen von Gudhjem in Sicht kommt. Der Küstenwanderweg mündet in die Serpentinenstraße oberhalb des Nordhafens.

Malerisches Haus in Gudhjem

6,5 Sie gehen die letzten Meter der heutigen Etappe vorbei am Nordhafen und weiter zum Haupthafen, der den lebendigen Mittelpunkt der kleinen Stadt bildet. Hier herrscht im Sommer, wenn die Touristen einfallen, reges Treiben und hier endet die Wanderung.

Gudhjem ist ein beliebter und hübscher Ferienort mit allen Unterkunfts- und Versorgungsmöglichkeiten: Hotels, Jugendherberge, Pensionen, Campingplatz, Supermarkt, Bäcker, Geldautomat, Bushaltestelle, WC, Touristinformation u.a.

Die Räucherei unten am Haupthafen bietet natürlich den berühmten Bornholmer Hering, aber auch ein Fischbüfett und im Sommer ist abends Livemusik angesagt. Vom Hafen kann man auch die Tour zu den Erbseninseln Christiansø und Frederiksø buchen. Weitere Informationen dazu ☞ Reise-Infos von A bis Z/Schiffsausflüge.

Das „Oluf Høst Museum" in der Løkkegade ehrt den bekannten Bornholmer Maler, der hier sein Wohnhaus hatte. Ein weiteres Kunstmuseum, das „Gudhjem Museum", zeigt wechselnde Ausstellungen und befindet sich oben im Ort in der alten Eisenbahnstation. Wer noch Zeit und Kraft hat, sollte auf jeden Fall den Aussichtspunkt „Bokul", der etwa 47 m hoch liegt, erklimmen. Von dort hat man einen schönen Blick über die Dächer und Gärten der kleinen Stadt und natürlich einen prächtigen Blick über die Ostsee und bis zu den Erbseninseln.

Wanderung 9:
Gudhjem - Melsted - Kobbeå - Østerlars

Wunderschöne Wanderung, welche die Vielfalt Bornholms widerspiegelt. Der Weg von Gudhjem nach Melsted und weiter zur Kobbeå ist ein angenehmer Pfad entlang einer abwechslungsreichen Küste. Die erst wild zerfurchte und recht hohe Felsküste bei Gudhjem endet an einem feinen Sandstrand und geht über in eine flache, mit Steinen, Felsen und Wiesen durchsetzte Felsküste. Der anschließende Pfad entlang dem Bach „Kobbeå" hoch zum Wasserfall „Stavehøl" folgt einem üppig bewachsenen, naturbelassenen Spaltental. Der letzte Kilometer zur Rundkirche von Østerlars verläuft auf einem angenehm zu laufenden, geschotterten Damm.

Kurzinfo: leichte 6 km lange Streckenwanderung auf Küsten- und Waldpfaden und geschotterten Radwegen. Sie sollten etwa 2-2½ Stunden reine Gehzeit einkalkulieren.

Ausschilderung: "Kyststi", später Pfad am Bachlauf und Radweg

Ausgangspunkt: Gudhjem Hafen

Öffentlicher Verkehr: Bus Linie Nr. 9, 1 und 4 (Linie 1 und 4 hält nur an der Haltestelle „Gudhjem Øvre" - oben im Ort an der Tankstelle gegenüber der Mühle)

Kombinierbar mit: Wanderung 8

0,0   Der Küstenpfad beginnt am Südende des Hafens von **Gudhjem** und schlängelt sich entlang der Klippen und direkt über den Campingplatz „Sletten", der einige tolle Plätze mit Meerblick hat, weiter nach Melsted. Folgen Sie einfach der Küstenlinie und Sie kommen zum kleinen Bootshafen von

1,2   **Melsted**. Wer Lust hat, wandert kurz durch die schmalen Gassen dieses recht gut erhaltenen Dorfes mit seinen schmucken kleinen, schön restaurierten Häusern. An der Reichsstraße liegt das Landwirtschaftsmuseum „Melstedgård", welches das alte Bauernleben lebendig darstellt.

Zurück am Bootshafen wandern Sie schon bald über den kleinen, aber feinen Sandstrand. Ein Bad gefällig? Links am hässlichen „Melsted Badehotel" vorbei, zwischen Stein und Schilf, kommen Sie an einen „typischen" Ostbornholmer Küstenabschnitt: eine flache, zerfurchte Felsenküste mit vorgelagerten kleinen Schären, der Strand übersät mit Steinen und Felsen, dazwischen kleine Wiesen mit Gras, Kraut und Sträuchern und mitten hindurch windet sich der schmale Küstenpfad.

Und immer begleitet Sie das Meer ... und der Blick streift über die Küste bis Svaneke und weit über das Meer ... herrlich!
Sie erreichen eine Bucht, an der zwei Campingplätze angesiedelt sind. Etwas später kommen Sie an einen mit vielen Kieseln durchsetzten Sandstrand und dahinter mündet die

Die Kobbeå im Frühjahr

2,5 „Kobbeå" in die Ostsee. Sie überqueren die Reichsstraße und folgen der Ausschilderung „Vandfald 2 km". Der Wanderpfad taucht in ein dicht bewaldetes Spaltental ein und folgt dem mit vielen Steinen durchsetzten Bach stromaufwärts. Der Weg hoch zum Wasserfall ist besonders im Frühjahr und Winter interessant, wenn die Au genügend Wasser führt. Allerdings ist der Pfad eventuell matschig und erfordert erhöhte Aufmerksamkeit. Im Sommer plätschert hier oft nur ein Rinnsaal zum Meer hinab und der Wasserfall tropft lediglich trist vor sich hin. Der Pfad überquert mehrfach den Bach und führt an hohen Steilwänden vorbei. Kurz vor dem Wasserfall mündet rechts der Hauptzufluss, die „Spagerå", in die Kobbeå.

4,6 Der Pfad folgt dem Zufluss, steigt an und dann sehen Sie, wie das durch Felsen eingeklemmte Wasser 4 Meter senkrecht in die Tiefe stürzt. Der „Stavehølfaldet", so heißt dieser kleine Wasserfall, bietet einen sehr schönen Anblick. Der Pfad steigt nochmals kurz an und man erreicht eine Orientierungstafel und den

4,8 Damm, der als Radweg Nr. 25 ausgewiesen ist. Sie folgen dem geschotterten, geraden Weg nach Süden . Links von Ihnen liegt durch Bäume beschattet der Kobbeå-Zufluss „Præstebæk". Rechts flankieren Bäume den Weg und dahinter liegen Felder. Schon bald kommt die Rundkirche von **Østerlars** in Sicht, das Ziel der Wanderung.

6,0 Die **Østerlaskirke** ist die größte der vier Bornholmer Rundkirchen. Sie wurde im 12. Jh. aus heimischem Granit gebaut und später mit schweren Stützpfeilern verstärkt, verputzt und mit einem Kegeldach aus schwarzen Schindeln versehen. Die Kirche kann täglich außer sonntags zwischen 9:00 und 17:00 gegen kleines Entgelt besichtigt werden.
Der Bus zurück nach Gudhjem hält an der Hauptstraße „Gudhjemvej", 200 m westlich der Kirche.

Hinweis: 800 m von der Kirche entfernt, auf einem ehemaligen Bauernhof, befindet sich das „Middelaldercenter". Sie folgen der Hauptstraße Richtung Gudhjem und biegen dann in den Stangevej ein. Schon sind Sie da. Das wissenspädagogische Erlebniscenter bringt seinen Besuchern die Zeit zwischen 1300 und 1500 anschaulich näher. Es hat von Juni bis Ende August zwischen 10:00 und 17:00 Uhr geöffnet. Im Mai und September sind die Öffnungszeiten eingeschränkter.

Wanderung 10: Randkløve Skår

Die hohe Felsküste mit dem quer zur Küste liegenden Spaltental „Randkløve Skår" gehört zu den landschaftlichen Höhepunkten Bornholms. Der Küstenweg zwischen Saltuna und Bølshavn, der wegen seiner üppigen Vegetation auch „Cobrastien" (Cobraweg) genannt wird, bietet außerdem schöne Aussichtsplätze und abgelegene Anwesen.

Kurzinfo: leichte, zeitweise anspruchsvolle 4,5 km lange Streckenwanderung auf Küsten- und Waldpfaden. Sie sollten etwa 2 Stunden reine Gehzeit einkalkulieren. Für die 3 km Zusatzstrecke Bølshavn - Listed, ist 1 weitere Gehstunde zu veranschlagen.
Ausschilderung: „Kyststi"
Ausgangspunkt: Saltuna
Öffentlicher Verkehr: Bus Linie Nr. 7 und 8 (ab Bølshavn auch Buslinie 3 und 5 Rønne - Svaneke)

0,0   An der Reichsstraße 158 zwischen Gudhjem und Svaneke liegt das Dorf **Saltuna**. An einem alten, reetgedeckten Bauernhaus, dem „Hvide Hus", welches heute ein gut besuchtes Kunsthandwerkerhaus ist, beginnt die Wanderung.

0,1   Quasi unterhalb dieses Hauses auf der nördlichen Straßenseite geht ein Weg ab, der als „Kyststi" bzw. „Randkløve" ausgeschildert ist und zunächst als breiter Fahrweg einige Anwesen und Ferienhäuser bedient und dann später auf die Breite eines Wanderpfades zusammenschrumpft.

Der Weg folgt im Wesentlichen einer südöstlichen Richtung und schlängelt sich schließlich zu einer wilden, mit vielen Bäumen gesäumten Klippenlandschaft hoch. Dann stehen Sie oberhalb von

1,5 **Randkløve Skår**. Sie sollten hier den Wanderweg verlassen und sich die etwa 20 m hohe und zerklüftete Felsformation genauer ansehen. Genießen Sie den Blick aufs Meer. Wenn Sie über die Felsblöcke klettern, entdecken Sie eine schmale tiefe Spalte, die quer zur sonst üblichen Richtung der Bornholmer Spaltentäler verläuft. Diese Scharte stürzt sich etwa 15 m in die Tiefe und übt eine eigenartige Faszination aus.
Sie folgen der Ausschilderung „Sti til Bølshavn". Der Küstenwanderweg windet sich oberhalb der Klippen durch üppigen Küstenwald.

2,5 Im Umfeld von „**Haralds Havn**" locken herrliche Aussichtsplätze zum Verweilen. Klettern Sie zwischen den Felsen hindurch und suchen Sie sich einen schönen Platz für das Picknick. Und wenn das Wetter passt und die Brandung ruht, könnte ein vorsichtiges Bad zwischen den Steinen recht erfrischend sein.
Etwas abseits und versteckt zwischen den Felsen liegt Fischer Harald Hansens kleiner Hafen - Haralds Havn. Zusammen mit dem Wohnhaus etwas oberhalb bietet es eine Idylle, auf die man schon neidisch werden könnte. Überhaupt sind in dieser Gegend einige einsam stehende, malerische Häuser mit herrlichen Aussichten über die Ostsee zu sehen.
Der Weg senkt sich langsam nach

3,0 **Ypnested**. Das Dorf besteht aus einer Handvoll alter Häuser und einem kleinen unscheinbaren Bootshafen, der zwischen dem Strandgeröll angelegt ist. Der nächste Kilometer bietet wenig Aufregendes. Es geht zwischen Feld und Wald mit wenig Sichtkontakt zur Küste. Und plötzlich stehen Sie am Ortsrand von

4,5 **Bølshavn**. Im Ort stehen einige schöne Häuser, die sich hübsch zu beiden Seiten der Reichsstraße präsentieren. Der Weg geht ein kurzes Stück über die Straße und dann kommt links ein Schild „Strandsti til Gyldenså" und wenige Meter weiter entdecken Sie auch das „Kyststimännchen" wieder, mit dem fast alle Küstenpfade ausgeschildert sind. Sie kommen zu einem Kiesstrand und gehen am kleinen Hafen von Bølshavn vorbei. Bänke und WC laden zu einer kurzen Rast ein. Der Bus der Linien 3 und 5, 7 und 8 fährt über die nahe Reichsstraße, die durch den Ort führt.

Eine typische Ostbornholmer Küste (bei Bølshavn)

Wer mag geht, vom Hafen noch ein Stück nach Osten.
Der Weg zur Gyldenså ist offen und führt Sie durch eine mit flachen Klippen, Schären und Strandwiesen geprägte Küstenidylle. Ein paar vereinzelte Bäume und neugierig blickende Schafe ergänzen das Landschaftsbild.

5,5 Der Pfad endet kurz vor der Au an der Reichsstraße. Stoppen Sie hier den Bus oder gehen Sie auf gleichem Weg zurück nach Bølshavn. Wer noch Zeit und Lust hat, marschiert über den Fuß- und Radweg längs der Reichsstraße, mit kurzer Rast an der Bautasteinsammlung „Hellig Kvinde", weiter bis

6,5 **Listed**. Schon gleich am Ortseingang von Listed, nahe der Bushaltestelle, zweigt ein schmaler Pfad links zur Küste ab. Am felsigen Strand hangeln Sie sich von Stein zu Stein, passieren eine malerische kleine Badebucht und gelangen schließlich zum

7,5 Hafen von Listed. Dort können Sie dann die Wanderung 11 nach Svaneke anschließen, den Bus besteigen oder im Edelimbiss „Hummer-Hytten" Meeresfrüchte verspeisen.

Wanderung 11: Listed - Svaneke

Der Spaziergang folgt einem reizvollen Küstenpfad, der zwischen Küstenwald und flacher, zerklüfteter Felsküste verläuft und schöne Ausblicke über die Ostsee zulässt.

Kurzinfo: leichte 3,5 km lange Streckenwanderung auf Küsten- und Waldpfaden und asphaltierten Wegen in den Ortschaften. Sie sollten etwa 1 bis 1½ Stunden reine Gehzeit einkalkulieren.
Ausschilderung: „Kyststi"
Ausgangspunkt: Listed
Öffentlicher Verkehr: Bus Linie Nr. 3 und 5, 7 und 8
Kombinierbar mit: Wanderung 12

0,0 **Listed** ist ein hübsches, verschlafenes Fischerdorf. Am Hafen befindet sich die Bushaltestelle, ein WC, ein Goldschmied mit Kaffee- und Eisbar und der Edelimbiss „Hummer Hytte". Sie folgen der Küste. Nach etwa 200 m verweist ein Schild auf eine geologische Besonderheit: den Diabasgang „Gulehald". Diabas ist eine Gesteinsart, die nach Erstarrung des Granits in die Risse und Spalten eingedrungen ist. Da Diabas aber relativ weich ist, wurde es bis auf Reste fast vollständig abgetragen.
Sie folgen der Straße „Strandstien", die schließlich in einen Waldweg übergeht.

0,7 Der Wald „Nordskoven", an dessen Rand Sie jetzt entlang wandern, verbindet Listed und Svaneke. Der Küstenweg schlängelt sich zwischen dem Wald und der flachen, zerklüfteten Felsküste. Das Gelände ist teilweise recht offen, so dass gute Ausblicke möglich sind. Der mit vielen Bänken gesäumte, gut gehbare Weg ist besonders bei Einheimischen sehr beliebt, die hier gern ihre Hunde ausführen.

2,5 Sie erreichen den kleinen Bootshafen „Vigehavn", der schon zu Svaneke gehört. Die letzten Meter ins Zentrum oder zum Hafen können je nach Interesse zurückgelegt werden: Wer Hunger auf Fisch hat, orientiert sich weiter an der Küste und erreicht schon bald die schön in der Klippenlandschaft gelegene „Svaneke Røgeri". Wer durch die kleinen gemütlichen Straßen Svanekes laufen möchte, wählt die nach Süden führende Straße „Hellig Kilde", überquert die Hauptstraße und bummelt durch die Gassen und Plätze.

3,5 Am Hafen endet dieser kleine Spaziergang. Für den Rückweg benutzt man den öffentlichen Bus der Linie 5 oder 8, die oben am Markplatz abfahren, oder geht einfach auf gleichem Weg zurück und erlebt den Weg aus anderer Perspektive.

Svaneke, die mit 1.100 Einwohnern angeblich kleinste Stadt Dänemarks, ist eine Perle. Die Erhaltung des traditionellen Stadtbildes hat bei den Bewohnern oberste Priorität, so dass ein wunderschön altes und doch lebendiges Städtchen mit engen Gassen, gemütlichen kleinen Häusern und Höfen, interessanten und spannenden Geschäften wie z.B. der Bonbonfabrik am Markt oder der Glasbläserwerkstatt zu erleben sind.

Der Hafen gibt dem Ganzen zusätzliche Atmosphäre. Auch die nördlich des Hafens an der Felsküste gelegene Räucherei ist einen Besuch wert. Das einzig neue Bauwerk der Stadt scheint der markante Wasserturm zu sein, der einem Seezeichen nachempfunden ist und weithin sichtbar auf Svaneke zeigt.

Svaneke Røgeri unter Dampf

Der einzige Wehrmutstropfen ist die Reichsstraße, die zur Saison viel Verkehr durch die Stadt leitet. Ansonsten finden Sie in Svaneke alle Unterkunfts- und Versorgungsmöglichkeiten: zwei Campingplätze, Jugendherberge, Hotels und Pensionen, Restaurants, Supermärkte, Bäcker, Bushaltestelle am Marktplatz, WC usw.

Wanderung 12: Svaneke - Årsdale

Die Felsküste südlich von Svaneke ist relativ flach, durch kleine Buchten, Landnasen und vorgelagerte Schären zerfurcht und durch Wind und Wellen angefressen. Der Küstenwald reicht bis dicht an die Felsküste heran, wird aber später durch offene Felsweiden abgelöst.

Kurzinfo: leichte bis anspruchsvolle 4 km lange Streckenwanderung auf Küsten- und Waldpfaden. Sie sollten etwa 1 bis 1½ Stunden reine Gehzeit einkalkulieren.
Ausschilderung: „Kyststi"
Ausgangspunkt: Svaneke
Öffentlicher Verkehr: Bus Linie Nr. 3 und 5
Kombinierbar mit: Wanderung 11 und 13

Tagestouren - 12. Svaneke - Årsdale

0,00 **Svaneke** ist eine unbedingt sehenswerte Kleinstadt (☞ auch Wanderung 11). Nach einem ausführlichen Stadtbummel, beginnt die Wanderung am Hafen. Sie folgen den Straßen entlang der Küste nach Süden und Südosten und erreichen den Leuchtturm von Svaneke. Es geht vorbei an der Badestelle und am Campingplatz von Hullehavn. Der Küstenweg windet sich zwischen Felsküste und Wald und wird später im ehemaligen Weidegebiet bei „Frenne Odde" offener. Die Felsküste insgesamt ist eher niedrig, aber mit vielen kleinen Buchten und vorgelagerten Schären stark zerklüftet. Kleine Strandwiesen unterbrechen das Gestein und zwischendurch finden sich einige höhere Felsen, die zum Klettern einladen.

2,5 Schon bald kommt der kleine Ort Årsdale in Sicht. Sie erreichen das flache Schärengebiet bei Grisby. Der Küstenwanderweg „Kyststi" geht offiziell hoch zu einem Parkplatz an der Reichsstraße 158. Vom Parkplatz aus folgt man dem begleitenden Fuß- und Radweg gute 100 m und biegt dann links in den „Strandvejen" nach Årsdale ein. Alternativ können Sie sich nach der Bachmündung auch über den holprig steinigen Strand via Landnase „Hullenakke" mit seinen abgerundeten Strandklippen entlanghangeln, bis Sie quasi vor der Hafeneinfahrt von Årsdale stehen. Das ist zwar etwas mühseliger, aber allemal spannender.

4,0 **Årsdale** ist ein gemütlicher kleiner Fischerort mit einem hübschen Hafen und einer weit sichtbaren, schön restaurierten holländischen Mühle, die sich oberhalb des Ortes an der Reichsstraße befindet und heute einen Granitkunsthandwerker beherbergt. Sie durchqueren den Ort, der mit seiner Räucherei immerhin eine Verpflegungsmöglichkeit bietet.

Wanderung 13: Årsdale - Nexø

Die flache, durch kleine Buchten, Landnasen und vorgelagerte Schären zerfurchte Felsküste wird durch Bäume und Sträucher beschattet. An den ehemalige Schanzen aus der Zeit der Schwedenkriege hat man freie Ausblicke auf Meer und Küste. Der Weg windet sich auf schmalen, bei Nässe ausgesprochen rutschigen Pfaden durch die Küstenlandschaft und endet auf einem asphaltierten Fußweg, der in Bornholms zweitgrößte Stadt führt.

Kurzinfo: leichte bis anspruchsvolle 6 km lange Streckenwanderung auf Küsten- und Waldpfaden, später auf asphaltiertem Gehweg. Sie sollten etwa 2 bis 2½ Stunden reine Gehzeit einkalkulieren.
Ausschilderung: „Kyststi"
Ausgangspunkt: Årsdale
Öffentlicher Verkehr: Bus Linie Nr. 3 und 5, ab Nexø auch Linie 6, 7 und 8
Kombinierbar mit: 12 und 14

*Küste zwischen Årsdale und Nexø:
Der Pfad verliert sich zwischen den Steinen*

0,0 **Årsdale** ist ein hübscher kleiner Ort mit Hafen, einer weit sichtbaren, schön restaurierten holländischen Mühle, wo heute Granitkunsthandwerk feilgeboten wird, und einer Räucherei.

0,5 Der Einstieg in den Küstenpfad am südlichen Ortsrand ist nicht ganz leicht zu finden. Biegen Sie unterhalb der Mühle in die Straße „Urmarken" ein. Nach wenigen Metern geht es dann links in einen Gartenweg. Anfänglich ist der Weg gut ausgebaut und mit vielen Bäumen und Sträuchern beschattet. Später windet und verliert sich der Pfad durch die üppige Küstenvegetation und gibt nur selten den Blick aufs Meer frei. Die Küste selbst ist ähnlich strukturiert wie der Abschnitt nördlich von Årsdale (☞ Wanderung 12). Flach auslaufende Felsen, Schären, Buchten und mit Steinen übersäte Wiesen bilden eine wilde, zerfurchte Küstenpartie. Felsanhäufungen mit kleinen Tümpeln und Strandwiesen dazwischen laden zum Rumklettern, Ausschauen und Picknicken ein.

2,5 Der alte Naturhafen „Svenskehavn" liegt am Wege und ist bei Anglern sehr beliebt.

Dort wo früher Schanzen platziert waren, sind die Küstenabschnitte offener und schroffer. Die bekannteste Schanze aus der Zeit der Schwedenkriege heißt

3,5 „Malkværnskanse". Eine Informationstafel vor Ort klärt über die Schanze und über die Schlacht von 1645 auf. Die letzten Meter bis Nexø gehen Sie durch den Wald und an einem alten Steinbruch vorbei, der jetzt mit Wasser gefüllt als Fischbecken für Sportangler dient.

4,5 Sie erreichen die Reichsstraße 158 am nördlichen Stadtrand von Nexø. Man könnte von hier mit dem Bus zurückfahren oder dem Fußweg längs der Reichsstraße 158 folgen, der erst zum Campingplatz, dann zum Hafen und schließlich ins

6,0 Zentrum der Stadt führt.

Nexø ist mit knapp 3.800 Einwohnern die zweitgrößte Stadt der Insel. Dominierend ist der große Hafen, wo auch größere Schiffe anlegen können. Die Fischerei hat in Nexø auch heute noch eine große Bedeutung. Es ist nett, durch die Straßen, Plätze und Gassen der Innenstadt zu bummeln. Nexø ist im Gegensatz zu Gudhjem oder Svaneke keine reine Touristenstadt. Der Ort ist viel funktionaler geprägt.

Im Zentrum finden sich zahlreiche Lokale und Geschäfte. Touristinformation, Geldautomaten, WC und Bushaltestelle sind natürlich ebenfalls zu finden. Wer mag, besucht noch das kleine Nexø Museum und das ehemalige Wohnhaus des bekannten Schriftstellers Martin Andersen Nexø.

Wanderung 14: Nexø - Balka - Snogebæk

Die abwechslungsreiche Küstenwanderung im Übergang von Fels zu Sand führt durch ein Wildreservat, wo man zu jeder Jahreszeit Vögel beobachten kann. Es geht weiter auf einem Küstenwall zwischen Heide und Meer und dann über feinen Sandstrand. Die Wanderung endet in einem zumindest im Sommer recht lebhaften Ferienort.

Kurzinfo: leichte 4 km lange Streckenwanderung auf asphaltiertem Weg, Küstenpfad und Strand. Sie sollten etwa 1 bis 1½ Stunden reine Gehzeit einkalkulieren.
Ausschilderung: „Kyststi"
Ausgangspunkt: Nexø

Öffentlicher Verkehr: Bus Linie Nr. 6, 7 und 8
Kombinierbar mit: 13 und 15

Nexø ist die zweitgrößte Stadt Bornholms und durchaus einen Besuch wert (☞ Wanderung 13).

0,0 Am südlichen Stadtrand, am Søndre Landevej, Ecke Hafenzufahrt „Søbækken", setzt der Küstenwanderweg ein. Der Weg beginnt als gepflasterter Fuß- und Radweg und führt Sie aus der Stadt an die flache Küste des Südstrands von Nexø.
Während im Norden der Stadt noch der Fels dominiert, haben Sie jetzt ein Sandsteingebiet vor sich. Die Sandsteinflächen gehen bis weit in das Meer hinaus, sie fallen leicht ab und schaffen ein seichtes Brandungsgebiet, welches Sumpf- und Meeresvögel aller Art anlockt. Die anschließenden Strandwälle sind üppig bewachsen und botanisch interessant. Das Gebiet ist als Wildreservat ausgewiesen.

Sie halten sich an einen Pfad zwischen Wald und Küste, verlassen also den kombinierten Fuß- und Radweg, und erreichen die längste Schanze der Insel, die

1,0 "Langeskanse" und marschieren dann auf einem Küstenwall, der am Rande der „Balka Lyng", einem großen Heidegebiet, entlang führt. Sie kommen zügig voran und erreichen einen kleinen Hafen und den kleinen Ferienort

2,5 **Balka.** Der Ort selbst bietet wenig. Es ist ein reiner Urlaubsort mit zahlreichen Ferienhäusern und einem großen Campingplatz. Der Strand von Balka allerdings kann sich sehen lassen. Der feine Sand und das flache Wasser sind für Familien mit kleinen Kindern ein ideales Planschbecken. Der Küstenwanderweg führt über den Strand. Der Sand ist zum Wasser hin recht fest, so dass man gut vorankommt. Wer mag, kann, wenn die Temperatur es zulässt, barfuß gehen. Im Sommer ist natürlich viel Trubel, aber außerhalb der Badesaison ist man hier fast allein.

Rast am Strand von Balka

4,0 Der Strand endet und Sie erreichen die Straße „Hovedgade" in Snogebæk. Der kleine Hafen des Ortes ist mit einer Brücke ins Meer vorgelagert, denn auch hier senken sich die Sandsteinbänke nur langsam ab.

Der Ort war einst ein unbedeutendes Fischerdörfchen. Mittlerweile aber ist **Snogebæk**, neben Nexø natürlich, der Anlauf- und Versorgungspunkt für die Urlauber im Bereich der großen Bornholmer Sandstrände, in deren Hinterland es zahlreiche Ferienhäuser, Campingplätze, Hotels und Pensionen gibt. Einige Geschäfte, Kunsthandwerker und Restaurants sorgen sich um das Wohl der Touristen. Hervorzuheben ist „Sörens Værtshus", jene urige Kneipe am Hafen, wo man Pizza isst, Bier trinkt und an lauen Sommerabenden Live-Musik hört.

Wanderung 15: Snogebæk - Dueodde

Eine wunderbare Strandwanderung mit langsamer Annäherung an einen der feinsten Sandstrände Europas. Am Ende steht ein schlanker Leuchtturm.

Kurzinfo: leichte 6 km lange Streckenwanderung über Sandstrand. Sie sollten etwa 2 bis 2½ Stunden reine Gehzeit einkalkulieren. Bei starken Gegenwinden aus Südwest oder Süd ist es besser, die Wanderung in Dueodde zu beginnen. Allerdings gilt zu bedenken, dass der Bus Dueodde nur zwischen Mai und September bedient.
Ausschilderung: keine
Ausgangspunkt: Snogebæk
Öffentlicher Verkehr: Bus Linie Nr. 7 und 8
Kombinierbar mit: 14 und 16

Snogebæk war einst ein unbedeutendes Fischerdörfchen. Heute ist es mit seinem Supermarkt, Restaurants und Kunsthandwerkergeschäften Anlaufpunkt für die Touristen, die im Bereich der großen Bornholmer Sandstrände Urlaub machen. Der kleine Hafen des Ortes ist mit einer Brücke ins Meer vorgelagert, denn die seichten Sandsteinbänke senken sich nur langsam ab.

0,0 Hier am Hafen, an der Bushaltestelle, beginnt die Wanderung.
Sie folgen einfach der Küste und gehen über den feinen Sand, der nicht immer so trittfest ist, wie man es gerne hätte, und umrunden die Landnase „Broens Odde". Die Odde und das davor liegende Unterwasserriff bestehen aus grünem Schiefer. Ein Sandstein, der mittlerweile stark abgetragen und zerrieben wurde und Grundlage des feinen Sandes ist, der an den Stränden von Dueodde und Balka die Menschen erfreut. Nach der Odde wird der Strand schmal und der Küstenwald tritt nahe an die Ufer.

1,7 Sie erreichen kurze Zeit später den Parkplatz, wo auch der ausgeschilderte Küstenwanderweg „Kyststi" in den Strand einmündet. Wer den Weg auch zurückwandern möchte, findet hier eine flotte Alternative. Auf schnurgerader asphaltierter Strecke geht es zum Hafen von Snogebæk. Der Strand an dieser Stelle ist nur wenige Meter breit, Steine und Kiesel, Äste und andere Pflanzenteile, Seegras und Plastikteile liegen herum. Doch langsam verbreitert sich der Strand, der Sand wird dominanter, die ersten Dünen schieben sich zwischen Strand und Küstenwald und dann wandern Sie über einen der schönsten und feinsten Sandstrände Europas. Dieses Prädikat ist meiner Meinung nach nicht zu hoch gegriffen. Doch überzeugen Sie sich selbst. Das Wandern am Strand ist angenehm. Der Sand im Bereich des Ufers ist relativ fest. Wenn die Temperaturen es zulassen, kann man auch gut barfuß gehen.

Das Ziel der Wanderung kommt in Sicht: der Leuchtturm von Dueodde. Doch es geht noch ein Stück weiter über den Strand. Noch vor der Südspitze Bornholms, dem „Dueodde Pynt", sollten Sie von der Küste abbiegen und durch die Dünen und den Küstenwald zum Leuchtturm

6,0 **Dueodde Fyr** hochgehen. Wer mag, steigt die Stufen bis zur Aussichtskanzel hoch und genießt den Blick über Bornholm und die Ostsee. Der Turm ist in der Saison täglich von 11:30 bis 15:00 geöffnet. Das Erklimmen der 196 Stufen kostet DKK 10.

In der Nähe des Turms finden Sie große Parkplätze, mehrere Kioske und Imbissbuden, ein öffentliches WC, mehrere Campingplätze und eine private Jugendherberge. Spätestens mit Ende der dänischen Herbstferien, so etwa Mitte Oktober, ist hier natürlich alles geschlossen. Auch die Bushaltestelle der Linie 7 und 8 befindet sich hier. Allerdings verkehrt der Bus nur in den Monaten Mai bis September. Wer also außerhalb dieser Monate die Wanderung unternimmt, muss den Rückweg per Pedes einplanen.

Der Leuchtturm von Dueodde Fyr

Wanderung 16:
Dueodde - Slusegård - Øster Sømarken

Strandwanderung über „aufgeräumte" und wilde, breite und schmale Sandstrände. Am Ende betritt man einen geografischen Knotenpunkt, begutachtet eine Wassermühle und stärkt sich mit geräuchertem Hering in der Räucherei von Øster Sømarken.

Tagestouren - 16. Dueodde - Slusegård - Øster Sømarken

Kurzinfo: leichte bis anspruchsvolle 6,5 km lange Streckenwanderung vorwiegend über Sandstrand. Sie sollten etwa 2½ bis 3 Stunden reine Gehzeit einkalkulieren. Bei starken Gegenwinden aus westlichen Richtungen ist es besser, die Wanderung in Øster Sømarken zu beginnen. Allerdings gilt zu bedenken, dass der Bus nur zwischen Mai und September die Strecke Øster Sømarken - Dueodde bedient.
Ausschilderung: „Kyststi"
Ausgangspunkt: Dueodde
Öffentlicher Verkehr: Bus Linie Nr. 7 und 8
Kombinierbar mit: Wanderung 15

0,0 Startpunkt ist der Leuchtturm Dueodde Fyr. Wer ein Stück Welt von oben sehen möchte, sollte ihn besteigen wenn die Sichtverhältnisse gut sind. Der Turm ist in der Saison täglich von 11:30 bis 15:00 geöffnet. Das Erklimmen der 196 Stufen kostet DKK 10.

Ein Satz noch zu dem Wald, den Sie gleich auf dem Weg zum Meer durchqueren. Die Wälder im Bereich Dueodde-Strandmarken sind Ende des 19. Jahrhunderts angelegt worden. Hauptpflanze ist die Waldkiefer, die hier prächtig gedeiht. Ein Großteil der Dünen konnte so befestigt und das Sandtreiben dadurch stark unterbunden werden. Große Bereiche der Küstenwälder stehen heute unter Naturschutz.

Sie wandern in südwestliche Richtung in den Wald, atmen den Duft der Kiefern und benutzen natürlich die ausgetretenen und angelegten

Strandmarken: der wilde Strand vor Sommerodde

Pfade, welche immer sandiger und offener werden. Dünenkämme und Sandtäler sind zu queren, bis Sie schließlich zum feinen weißen Sandstrand von

0,7 Dueodde gelangen. Schnurstracks gehen Sie bis zur Wasserkante, denn dort lässt es sich am besten gehen.
Der Strand wird rasch schmaler, einsamer, steiniger und wilder. Der mit Kiefern und Strandhafer bewachsene Dünengürtel rückt immer näher ans Meer heran. Dort wo die aufgewühlten auflandigen Winterstürme die Dünenkämme erreichen, bleiben verwitterte Baumleichen am Strand zurück. Ein solches Gebiet durchqueren Sie jetzt.

2,5 Ein Parkplatz mit Toilette wird erspäht. Es ist der Endpunkt einer Stichstraße, die vom Bauernhof „Jongfrugård" kommt, der oben an der Durchgangsstraße liegt. Wirklich was los ist hier nicht, auch nicht im Sommer bei gutem Wetter. Die Strände an der Südküste, außer Dueodde natürlich, sind insgesamt schwach frequentiert. Sie sind allerdings bei Nacktbadern und „Einsiedlern" populär.

Die Mündung eines Baches ist zu durchwaten und der Strand Richtung Sommerodde wird wieder etwas breiter und „aufgeräumter". Sie wandern weiter, blicken ab und an zurück zum Leuchtturm und zum Strand von Dueodde und erspähen bald voraus den kleinen Hafen von Øster Sømarken.

4,5 In „Stenodde" findet sich ein dreieckiger roter Kasten mit Rettungsmitteln und Anweisungen - ein „Redningspost". Dort am Strand endet auch wieder eine Stichstraße, die von der Hauptstraße herunterkommt. Ein Stück oberhalb des Strandes ist ein Parkplatz. Am WC-Haus vorbei kommen Sie in die bewaldeten Dünen und später in eine offene Strandheide.

Auf dem geografischen Knotenpunkt: 55 Grad Nord und 15 Grad Ost

5,2 Bald stehen Sie an einem geografischen Knotenpunkt. Eine Steinplatte am Boden markiert den Schnittpunkt des 15. Längengrades Ost mit dem 55. Breitengrad Nord. Nach dem 15. Längengrad wird unsere Uhrzeit ausgerichtet, sie nennt sich auch „Gudhjem-Zeit".

	Sie folgen dem Weg hoch bis zu einem Bauernhof. Südlich des Gebäudes zweigt der Weg links zur kleinen Wassermühle ab.
5,6	An der kleinen Wassermühle **„Slusegård"** (Slusegårds Vandmølle) verweilen Sie kurz, überqueren zwei Fußgängerbrücken über den Bach Øle Å und gehen dann durch den mit vielen Ferienhäusern durchsetzten Wald hinüber nach
6,5	**Øster Sømarken**. Auf dem Weg runter zum kleinen Bootshafen „Bakkerne Bådehavn" kommen Sie an der urigen Räucherei „Bakkarøgeriet" vorbei. Dort können Sie sich mit einem leckeren, goldgelb geräucherten Hering stärken und die Aussicht über die Ostsee von der Terrasse genießen.

Wer mit dem Bus zurück will, kann in der Zeit von Mai bis September die Linie 7 bzw 8 benutzen. Bis zur Bushaltestelle sind es gut 1 km. Von der Räucherei folgt man dem „Østre Sømarksvej" bis zur Kreuzung mit dem „Strandvejen". Sie können auch zur Wassermühle zurückgehen. Oberhalb der Mühle, an der Hauptstraße „Strandvejen", können Sie den Bus stoppen. Außerhalb der Saison muss man auf gleichem Weg zurück oder man marschiert über den befestigten Radweg Nr. 10, der auch als Gehweg gilt, längs der Straße „Strandvejen", „Strandmarksvejen" und „Fyrvejen" zurück nach Dueodde (8 km).

Wanderung 17: Boderne - Sose - Arnager

Eine wunderbar abgelegene Küstenwanderung auf hohen Steilküsten mit herrlichen Ausblicken über die Ostsee, entlang geologisch interessanter Abbruchkanten und über einsame Strände.

Kurzinfo: anspruchsvolle 12 km lange Streckenwanderung auf Sandstrand, Dünen- und Waldwegen. Sie sollten etwa 4 Stunden reine Gehzeit einkalkulieren.
Ausschilderung: „Kyststi"
Ausgangspunkt: Boderne
Öffentlicher Verkehr: Bus Linie Nr. 7 und 8. Achtung: Der öffentliche Bus bedient nur zwischen Mai und September die Strecke Rønne - Arnager - Aakirkeby - Boderne - Dueodde!

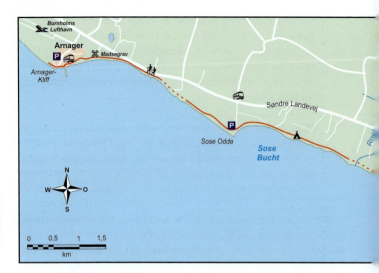

0,0 Der kleine Ort **Boderne** an der Südküste weist immerhin ein Restaurant und einige Bekleidungsläden auf. Am kleinen, schön gelegenen Hafen beginnt die Wanderung. Sie wenden sich nach Westen. Über eine kleine Fußgängerbrücke kann der Bach „Læså" überquert werden. Der Weg geht zurück zum Meer und führt über einen schmalen Sandstrand, der mit Kieseln und Findlingen durchsetzt ist. Der angrenzende Dünengürtel ist bewachsen und wird später durch eine Steilküste aus Sand, Lehm, Ton und anderen Elementen abgelöst.

Eigentlich gibt es auch einen ausgeschilderten Weg auf der Steilküste. Allerdings wird dieser kaum gepflegt. Die Ausschilderung fehlt streckenweise, Treppen und Stiege sind marode und die Spur des Pfades ist kaum erkennbar - versandet oder zugewachsen. Deshalb ist es besser den Weg über den Strand zu wählen. Dieser ist teilweise mühsam und man verpasst den einen oder anderen schönen Weitblick über Bucht und Meer. Aber später wird es dafür reichlich Ersatz geben. Die Strecke insgesamt ist abgelegen und einsam. Selbst im Sommer begegnet man nur wenigen Menschen.

3,0   Zeit für eine Pause. Die bietet sich kurz vor der Au „Risebæk". Der Sandstrand ist auch hier schmal und mit vielen Kieseln durchsetzt. Die großen Findlinge bieten gute Sitzmöglichkeiten und die bunten Abbruchkanten geben Anlass zu geologischen Betrachtungen.

Die Steilküste der **Sose Bucht** ist bei Geologen sehr beliebt, denn hier tritt die Erdgeschichte offen zu Tage und die Erosion durch Wind und Wellen sorgt dafür, dass immer „frisches" Material zur Verfügung steht. In den Sandsteinformationen der Klippen sind verschiedene tonartige Sedimente in unterschiedlichen Farben und große Mengen pflanzlicher Überreste enthalten. Die ältesten Schichten bestehen aus fett-rotem Keuperton, stammen aus dem Erdmittelalter und sind etwa 200 Mio. Jahre alt. Das Gebiet um die Mündung des Baches Risebæk, wo Sie sich gerade befinden, ist besonders interessant. Nicht nur die Höhe der Küste mit stellenweise 12 m ist beeindruckend, sondern auch die roten, grauen und grünen Tonabbruchkanten, die hier ans Tageslicht kommen. Folgt man dem Bach an der östlichen Seite ein Stück, gelangt man nach etwa 100 m zu einem netten kleinen Wasserfall, der immerhin eine Fallhöhe von 2 bis 3 m aufweist.

Doch zurück zum Strand und zum Küstenwanderweg. Es bleiben zwei Möglichkeiten. Der Weg am Strand ist zumindest bei normalem Wasserstand gehbar, aber mühselig. Der eigentliche Küstenwanderweg „Kyststi" ist holprig und windet sich auf und ab, in und auf der Steilküste, geht durch kleine Küstenwälder oder am Feldrand entlang. Auch in diesem Abschnitt wird der Weg kaum gepflegt. Die Treppen und Brücken sind brüchig, der Pfad ist teilweise zugewachsen oder durch umgestürzte Bäume blockiert und auch die Ausschilderung ist manchmal verwirrend, aber verlaufen kann man sich nicht wirklich.

Sose Bucht: Steilküste hinter Boderne

5,0 Etwa 1 km vor „Sose Odde" kommen Sie in ein relativ offenes Gelände. Oberhalb ist eine Stichstraße mit Parkplatz und WC. Etwa 200 m südwestlich versteckt sich der kleine Naturlagerplatz „Sose" (55°02'32''N, 14°50'42''E). Unten am Strand warnt ein Schild vor Steinschlag und Erdrutsch. Das ist durchaus realistisch. Die Steilküste ist hier bis zu 15 m hoch und teilweise sehr brüchig. Seien Sie also auf der Hut, wenn Sie den Strandweg wählen und es stürmt und regnet.

Der reguläre Weg folgt dem Kamm der Steilküste oben. Der Bewuchs mit Sträuchern und Bäumen verhindert die permanente Aussicht. Doch ab und zu werden Ausblicke freigegeben und der Blick schweift die Bucht zurück und voraus Richtung Arnager.

6,0 Vom Parkplatz bei „**Sose Odde**" hat man noch einmal einen tollen Blick zurück über die Bucht. An der Landnase liegen die Reste einer alten Schanze. Doch Sie halten sich hier nicht lange auf, folgen der Ausschilderung und tauchen in die mit Bäumen und Sträuchern bewachsenen Steilhänge, welche die Bucht zwischen Sose und Arnager prägen. Der Weg windet sich hinauf und verläuft zwischen Feld und Abbruchkante. Die flankierenden Bäume geben ab und an die Aussicht frei. Nach ungefähr 1,5 km geht es in mehreren Kehren hinunter zum

7,8 Strand, wo Sie auf eine schöne Badebucht stoßen. Der schmale Sandstrand wirkt „aufgeräumt" und nur wenige Steine trüben das Badevergnügen. Im weiteren Verlauf bleibt der Sandstrand gut begehbar, wobei abgestürzte Bäume, Steine und eingestreute Felsen zwischendurch für etwas Abwechslung sorgen.

8,5 Der Küstenwanderweg verlässt nach gut 700 m den Strand, Treppenstiegen führen auf die Steilküste. Der Weg ist jetzt sehr nahe der im Sommer stark befahrenen Küstenstraße, die Rønne und Snogebæk verbindet. 100 m der Strecke müssen sogar auf dem Fuß- und Radweg des „Søndre Landevejs" zurückgelegt werden. Der Pfad allerdings ist sehr schön angelegt. Man kommt gut voran und hat wunderbare, mit Bänken bestückte Aussichtsplätze, die weite Blicke zulassen. Der Weg ist mit Bäumen gesäumt, die im Sommer Schatten und ansonsten Windschutz bieten. Schließlich geht es wieder abwärts. Wer mag, kann über eine Treppe bis zum Strand absteigen, um die wenigen Überreste einer Phosphormine zu betrachten.

10,0 „Madsegrav" nennt sich die Stelle, wo während des Ersten Weltkrieges Phosphor aus Sandstein gewonnen werden konnte, den man zur Düngung der Felder brauchte. Lediglich 3 Jahre wurde die Mine genutzt. Zu sehen ist für den Laien wenig. Der Geologe allerdings wird seine Freude an den Formationen der Steilküste in diesem Gebiet haben. Steg-Treppen-Kombinationen aus Holz führen nun vom Strand weg und schon bald erreicht der Weg den kleinen Ort Arnager.

11,0 **Arnager** besteht lediglich aus einigen Wohn- und Ferienhäusern und einem kleinen Hafen, der mit einer Brücke in die Ostsee vorgebaut ist. Der Flughafen von Bornholm liegt westlich der Stadt und stört die Idylle des Ortes einige Male am Tag durch die startenden und landenden Flugzeuge.

Doch bevor Sie die Wanderung beenden, sollten Sie unbedingt noch das

11,5 **Arnager-Kliff** besichtigen. Dies ist allerdings nicht bei hohen Wasserständen, die durch starke auflandige Winde verursacht werden, möglich. Auch bei normalen Wasserständen sollte man sich mit gutem Schuhwerk vorsichtig über die teilweise sehr glitschigen Steine bewegen.

Sie folgen vom Hafen dem Strand und kommen schon bald an eine wunderschöne, etwa 100 m breite und 10 m hohe Steilwand, die fast

Am Arnager-Kliff

100 Mio. Jahre alt ist. Sie besteht im oberen Teil aus Kalkblöcken und im unteren Teil aus Grünsand. Dazwischen ist eine Schicht, die mit Phosphor durchsetzt ist. Das Meer vor der Steilwand ist mit Steinen übersät und bietet vielen Meeresvögeln gute Rastplätze an.

12.2 Nachdem auch Sie einige Zeit gerastet haben, geht es auf gleichem Weg zurück zum Hafen und in die Ortsmitte, wo sich die Bushaltestelle der Linie 7 und 8 befindet. Leider fährt der Bus nur im Sommerhalbjahr.

Wanderung 18: Kyststi - Bornholm rund - 122 km - 7 Etappen

*Wegausschilderung „Kyststi" -
kleine Hinweisschilder*

Wenn man nun die Küstenabschnitte aller 17 bisher beschriebenen Wanderungen verbindet und die Lücken schließt, ergibt sich der „Kyststi".

Dieser einzigartige Weitwanderweg ermöglicht die Umrundung der Insel auf küstennahen und überwiegend unbefestigten Pfaden.

Charakter und Eignung: Alte Rettungswege, vorhandene kleine Wald- und Küstenwege, gehbare Strandabschnitte, Fußwege in Ortschaften und, zur Lückenergänzung, Landstraßen begleitende Rad- und Fußwege wurden kombiniert und unter dem Namen „Kyststi" ausgeschildert. Da Bornholm sehr hügelig und die Küste stark zerklüftet ist, gehen natürlich auch die Küstenwege ständig auf und ab und trotzen dem Wanderer ein gewisses Maß an Aufmerksamkeit und Schweiß ab. An manchen Passagen unterstützen Treppen die Auf- und Abstiege.

Aber insgesamt erwartet Sie eine leichte und spannende Inselumrundung auf überwiegend unbefestigten Pfaden mit vielfältigen Küstenformationen und gemütlichen kleinen Orten, die Übernachtungs- und Versorgungsmöglichkeiten bieten.

Die Tour ist im Prinzip für jederfrau/mann, der/die gesund ist und durchschnittliche Kondition mitbringt, geeignet. Die maximale Etappenlänge liegt bei 21 km. Auch für Familien ist die Tour gut machbar. Nach meinen persönlichen Erfahrungen sollten die Kinder aber mindestens 6 Jahre alt und in der Lage sein, einen kleinen Rucksack zu tragen.

Die Küstenpfade sind nur partiell für Radfahrer, Rollstuhlfahrer und Kinderwagenschieber geeignet. Wer die Gesamtstrecke mit dem Fahrrad plant, sollte dies schnellstens verwerfen, denn ein Großteil der Pfade ist sehr schmal und ausgesprochen holprig. Das Radeln auf den Pfaden ist darüber hinaus nicht erlaubt und auch nicht erwünscht.

Weglänge: 122 km sind zu wandern für die, ausgehend von einer mittleren Geschwindigkeit von 3 km/Std., etwa 40 Stunden Gehzeit veranschlagt werden müssen. Die gesamte Tour ist nachfolgend in 7 Tagesetappen aufgeteilt, die Sie aber natürlich Ihren persönlichen Bedürfnissen anpassen können.

Orientierung und Ausschilderung: Da der Weg überwiegend direkt der Küstenlinie folgt, wird man kaum Orientierungsprobleme haben. Die gesamte Route ist in beiden Richtungen ordentlich markiert. Die großen orangenen Metallschilder mit der Aufschrift „Kyststi" stehen nur an Orten, wo ein Einstieg bzw. Ausstieg aus dem Pfad möglich ist, wie z.B. an Wanderparkplätzen, Ortsausgängen, Häfen. Die Schilder geben unter Angabe der Entfernung die nächsten Zielpunkte an.

Wegausschilderung „Kyststi" - große Hinweisschilder

Unterwegs werden Sie vorwiegend das kleine orange Schild mit dem weißen stilisierten Wandersmann sehen und suchen. Es markiert den Kyststiverlauf unter Zuhilfenahme von Richtungspfeilen. Übrigens: Das dänische Wort „Sti" heißt natürlich kleiner Weg oder Pfad.

Sollten Sie, aus welchem Grund auch immer, mal vom Pfad abkommen, so ist das nicht weiter schlimm. Da der „Sti" mehr oder minder der Küstenlinie folgt, sollte es nicht schwer sein, ihn wiederzufinden.

Auf eine **Wanderkarte** sollten Sie natürlich nicht verzichten. Kartentipps gibt es im Kapitel „Reise-Infos von A bis Z" unter dem Stichwort „Literatur und Landkarten".

Gehrichtung: Die Rundwanderung auf dem Kyststi ist ausgehend von Rønne im Uhrzeigersinn beschrieben. Rønne ist Ankunftsort und aufgrund der Infrastruktur der logische Ausgangspunkt. Natürlich wäre aber auch jeder andere Ort als Startpunkt denkbar und natürlich ist auch eine Umrundung gegen den Uhrzeigersinn möglich.

Durchführungsmöglichkeiten

Die Inselumrundung kann auf unterschiedliche Art und Weise durchgeführt werden:

Trekkingtour mit leichtem Gepäck von Jugendherberge zu Jugendherberge

Die Etappen sind so gewählt, dass Sie im Zielort in einer Jugendherberge übernachten können. Über Anschriften, Kosten, Öffnungszeiten und Anforderungen der Herbergen informiert Sie das Kapitel Reise-Infos von A bis Z/Unterkünfte/Jugendherbergen.

Sie können natürlich auch von Hotel zu Hotel wandern. Dies ist allerdings mit sehr viel höheren Kosten verbunden. Allgemeine Informationen zu Hotels und Pensionen finden Sie ebenfalls im Kapitel Reise-Infos von A bis Z/Unterkünfte.

Versorgungsmöglichkeiten wie Supermärkte, Bäckereien, Geldautomaten, Gaststätten u.a. finden Sie in allen größeren Orten, die auf der Strecke liegen. Nur im Abschnitt Südküste zwischen Snogebæk und Rønne sind die Versorgungsmöglichkeiten stark eingeschränkt. In der Saison gibt es nur noch in Dueodde an den Zeltplätzen kleine Läden mit Lebensmitteln. Ansonsten finden Sie im Südküstenverlauf nur einige Gaststätten. Bedenken Sie diesen Aspekt bitte und sorgen Sie für die Etappen 6 und 7 entsprechend vor.

Trekkingtour mit Zelt und Schlafsack von Campingplatz zu Campingplatz

Die Küste entlang gibt es zahlreiche Campingplätze. Die Etappen sind so gewählt, dass Sie im Zielort auf einem Campingplatz übernachten können. Dies gilt allerdings nicht für die Etappe 6.

Im Abschnitt Dueodde bis Rønne gibt es keinen normalen Campingplatz, so dass Sie entweder in der Jugendherberge in Boderne übernachten oder zum Campingplatz nach Aakirkeby hochwandern müssten. Das wären zusätzliche 4 km, die jeweils zur Etappe 6 und 7 hinzugerechnet werden müssten. Eine andere Möglichkeit wäre, die Etappe 6 bis Arnager zu verlängern und das letzte Stück bis Rønne mit dem Bus zurückzulegen. Die Strecke Dueodde - Arnager ist mit knapp 25 km auch mit schwerem Gepäck noch zu bewältigen, muss allerdings auf den Busfahrplan abgestimmt werden.

Sie können natürlich auch das Zelt in Dueodde aufgebaut stehen lassen und mit Minimalausrüstung die Etappe 6 laufen. Den Rückweg nach Dueodde besorgt der Bus. Am nächsten Tag würde man dann mit dem Bus und dem gesamten Gepäck nach Boderne fahren und die Etappe 7 bis Rønne abwandern.

Tipp: Neuerdings gibt es kurz vor Sose Odde einen kleinen Naturlagerplatz. Hier darf man mit einem kleinem Zelt eine Nacht sein Lager aufschlagen. 200 m oberhalb ist ein Parkplatz mit WC. Wenn Sie diese Option wählen verlängert sich Etappe 6 um 5 km und Etappe 7 verkürzt sich um 5 km.

Anmerkung: Wer den Kyststi wandern möchte und nur auf Naturlagerplätzen übernachten möchte, hat im Bereich Gudhjem, Svaneke, Nexø ein Problem. Dort gibt es im küstennahen Bereich keine Plätze. Ansonsten liegen folgende Plätze quasi auf dem Weg: Shelter i Blykobbe Plantage, Shelter Hasle Lystskov, Finnedal, Sæne havs, Shelter Hammersøen, Salene, Bassebo, Sose und Shelter Arnager.

Über ungefähre Kosten, Öffnungszeiten und Anforderungen der Campingplätze und Naturlagerplätze informiert Sie das Kapitel Reise-Infos von A bis Z/Unterkünfte/Campingplätze. Auch Informationen zu den Busverbindungen finden Sie dort unter dem Stichwort ☞ Bus.
Über Versorgungsengpässe im Bereich der Südküste lesen Sie bitte den letzten Abschnitt unter der Überschrift „Trekkingtour mit leichtem Gepäck von Jugendherberge zu Jugendherberge".

Wanderung mit Minimalausrüstung und Rückkehr zu festem Ausgangspunkt per Bus

Wer ungern mit schwerem Gepäck wandert und/oder ein festes Quartier bevorzugt, kann mit Hilfe des Bornholmer Busnetzes die komplette Wanderung auf dem Kyststi durchführen. In der Saison und solange die Buslinie Nr. 7 und 8 fährt, ist jeder Ort entlang der Küste als fester Ausgangspunkt möglich. Außerhalb der Saison ist eigentlich nur Rønne als Fixpunkt sinnvoll. Das wichtigste Utensil ist der aktuelle Busfahrplan, der überall erhältlich ist und in den Sie sich etwas einlesen sollten. Mehr dazu erfahren Sie im Kapitel Reise-Infos von A bis Z unter dem Stichwort ☞ Bus.

Beispiel: Sie haben ein Ferienhaus oder ein Hotelzimmer oder einen Campingplatz für eine Woche in Sandvig in Nordbornholm reserviert. Sie kommen in Rønne an und kaufen sich im Büro der Busgesellschaft BAT, Munch Petersens Vej 2, im Rådhuskiosken in der Snellemark 34 oder in der Touristinformation „Bornholms Velkomstcenter" eine Wochenkarte und fahren wochentags mit dem Bus Nr. 2, 7 oder 10 (am Wochenende oder an Feiertagen mit Bus Nr. 1, 2 oder 7) nach Sandvig in Ihr Quartier und richten sich erst mal ein.

Zur **ersten Etappe** fahren Sie dann mit Bus (Nr. 2, 4, 8 oder 10) zurück nach Rønne und erwandern die Strecke. Der Bus (Nr. 1, 7 oder 10) bringt Sie zurück ins Quartier. **Etappe 2** beginnt mit einer Busfahrt (Nr. 4, 8 oder 10) nach Hasle. Die Wanderung bringt Sie dann nach Sandvig. Die **Etappe 3** startet in ihrem Urlaubsquartier und der Bus Nr. 4 oder 8 bringt Sie von Gudhjem am Abend wieder zurück. Um **Etappe 4** abzuwandern, fahren Sie mit der 1 oder 7 nach Gudhjem und fahren später von Svaneke mit der 8 zurück nach Sandvig. Für die **Etappe 5** besteigen Sie den ersten Bus der Linie 7 und fahren nach Svaneke. Mit dem letzen Bus der Linie 8 fahren Sie zurück von Dueodde nach Sandvig. Je nach Fahrplan können Sie auch mit der 7 nach Rønne fahren und dort in die Linie 1 oder 2 umsteigen, um nach Sandvig zurückzukehren. **Etappe 6** beginnt mit einer langen Busfahrt mit der Linie 7 nach Dueodde. Am späten Nachmittag steigen Sie in Boderne in Bus Nr. 7 und fahren nach Rønne, dort steigen Sie an der Haltestelle „Snellemark" in die Linie 1 oder 2 Richtung Sandvig um. Für die **letzte Etappe** fahren Sie mit

Bus Nr. 2 oder 4 nach Rønne, steigen in die Linie 8 um und fahren bis Boderne. Für den Rückweg von Rønne nach Sandvik nehmen Sie Bus Nr. 1 oder 2.

So oder ähnlich könnte die Wanderung durchgeführt werden. Das Busfahren ist übrigens auch erholsam bzw. regenerierend und Sie erleben die Insel zusätzlich aus einer anderen Perspektive.

Wegbeschreibung
Etappe 1: Rønne - Hasle (11,5 km)

Die erste Etappe der Wanderung auf dem Kyststi führt Sie aus der Inselmetropole in die Sandfluchtwälder zwischen Rønne und Hasle und gibt Ihnen erste Einblicke in die geologischen und kulinarischen Besonderheiten der Ostseeinsel. Die Etappe ist mit 11,5 km relativ kurz und deshalb zum „Einwandern" ideal. Auch lässt sich die Etappe gut mit einem Stadtbummel durch Rønne verbinden. Der Weg verläuft, nachdem er die Stadt verlassen hat, überwiegend auf Waldwegen und Pfaden.

Als reine Gehzeit werden 3 bis 3½ Stunden veranschlagt.

0,0 Ausgangspunkt der Etappe ist das „Bornholms Velkomstcenter". Die Touristinformation liegt günstig in der Nähe von Fährhafen und Busbahnhof. Nachdem Sie die letzten Informationen eingeholt haben, kann es losgehen. Sie folgen der Ausschilderung „Centrum" und kommen in die Straße „Snellemark". Diese führt hoch zum Marktplatz, dem „Store Torv". Sie biegen links in die „Store Torvegade" ein und folgen dieser Straße, die teilweise auch Fußgängerstraße ist, Richtung Norden. Wer noch

Verpflegung oder dänische Kronen aus dem Geldautomaten braucht, hat jetzt noch Gelegenheit, sich einzudecken. Die Straße heißt, nachdem der „Nordre Kystvej" eingemündet ist, „Haslevej" oder auch Reichsstraße 159. Nach dem Campingplatz „Nordskoven" geht es links in den Wald.

2,5-11,5 Blykobbe Plantage bis Hasle: ☞ Wanderung 1 (Gesamtstrecke)

Etappe 2: Hasle - Sandvig (18 km)

Die Strecke von Hasle entlang der imposanten Felsküste bis zur Nordspitze Bornholms und weiter bis zum hübschen Ferienort Sandvig gehört zweifellos zu den schönsten Wanderstrecken auf Bornholm. Nach Hasle geht es erst mal einige Kilometer auf einer schmalen Asphaltstraße direkt am Meer

entlang. Dann kommt die Felsküste in Sicht und mit ihr Jons Kapel. Auf schmalen Pfaden, die immer wieder tolle Ausblicke über die Ostsee und die Felsküste freigeben, schlängelt sich der Kyststi über die mittlerweile stark bewachsenen Felsbuckel Ringebakker, Slotslyngen, Hammershus und Hammeren. Die letzten Meter bis Sandvig geben schon den Blick auf die Ostküste und die Etappe frei.

Der Kyststi verläuft überwiegend auf schmalen Pfaden. Es sind einige Auf- und Abstiege zu bewältigen, die aber für den durchschnittlich trainierten Wanderer kein Problem darstellen sollten. Achten Sie besonders bei Feuchtigkeit auf Trittsicherheit. Baumwurzeln und Gestein können sehr glitschig sein.

Die Streckenlänge liegt bei 18 km und als reine Gehzeit werden 6 Std. veranschlagt. Für den Besuch von Jons Kapel und Hammershus rechnen Sie mit 1½ Stunden, zusätzliche Pausen sollten ebenfalls mit 1 bis 1½ Std. angesetzt werden, so dass eine Tourenzeit von etwa 9 Std. einzuplanen ist.

0,0 Die Etappe startet im Zentrum von Hasle, wo der Tagesproviant aufgefüllt werden kann. Es geht entlang der Straßen Storegade und Nørregade, die Sie zum nördlichen Stadtrand und zur Reichsstraße 159 Richtung Allinge bringen. Nachdem die Zufahrtsstraße vom Hafen eingemündet ist, geht es links auf einen Schotterweg. Dort finden Sie auch wieder einen Kyststi-Wegweiser, der heute verkündet, dass es nach Gines Minde 4,1 km und nach Jons Kapel 5,1 km sind. Wanderweg und Nationaler Fahrradweg Nr. 10 verlaufen bis kurz vor Jons Kapel im Übrigen auf gleicher Trasse. Der Schotterweg geht erst mal kräftig die Steilküste runter, die sich im folgenden Küstenabschnitt etwas landeinwärts verschoben hat. Sie blicken zurück zum Yachthafen und zur Hafeneinfahrt von Hasle und gelangen hinunter zum Strand, der jetzt durchweg steinig ist.

2,0 Der Schotterweg endet und Sie müssen die schmale asphaltierte und in der Saison gut frequentierte Küstenstraße benutzen, die direkt am Meer kleine Fischerdörfer mit niedlichen kleinen Häfen und schmucken Häusern passiert. Die Asphalttortur wird durch schöne Ausblicke über die Ostsee wettgemacht. Zuerst erreichen Sie Hafen und Häuser von Helligpeder. Wenig später durchschreiten Sie Teglkås und erblicken die Felsküste Nordbornholms und natürlich besonders den Abschnitt um Jons Kapel. Ein großartiger Anblick!!

Küstenpfad vor Vang

5,0   Beim Anwesen Gines Minde enden die asphaltierte Küstenstraße und die Küstenterrasse und das Urgestein der Insel, der Granit, tritt zutage. Erst langsam, dann heftig - mit einigen Treppenstufen - steigt der Weg in die bewaldeten Höhen. Auf 40 bis 50 m Höhe über dem Meer verbleibt der Weg schließlich in etwa. Oben trennen sich Rad- und Wanderweg. Nach wenigen hundert Metern auf dem Wanderpfad ist die Treppe zu Jons Kapel erreicht.

5,0-8,0 Jons Kapel - Vang: ☞ Wanderung 2 (zwischen Kilometer 3,2 und 6,0)

8,0-12,0 Vang - Hammershus: ☞ Wanderung 3 (zwischen Kilometer 0,0 und 4,0)

12,0-18,0 Hammershus - Sandvig: ☞ Wanderung 4 (Gesamtstrecke)

Anmerkungen: In Sandvig gibt es sowohl einen Campingplatz als auch eine private Jugendherberge. Die Herberge liegt etwa auf halber Strecke zwischen Hammerhavn und Sandvig. In Sandvig gibt es einige Restaurants und einen netten Kiosk, direkt am Eingang zum Campingplatz. Der nächste Supermarkt ist in Allinge.

Etappe 3: Sandvig - Gudhjem (18 km)

Die 3. Etappe ist zweigeteilt. Der erste Abschnitt führt durch die Städtchen und Orte an der Nordostküste und ist zeitweise trist, weil große Teile der Strecke entlang der im Sommer relativ stark befahrenen Küstenstraße verlaufen. Der zweite Abschnitt dagegen ist spektakulär. Die zerklüftete Steilküste von Helligdomsklipperne und der weitere Verlauf bis Gudhjem machen einfach Spaß und gehören zu den Höhepunkten der Bornholmumrundung. Zwei Abstecher bieten sich zusätzlich an: Wer mag, macht einen kleinen Umweg zum Wasserfall im Døndalen und der Kunstinteressierte sollte Zeit für den Besuch des Bornholmer Kunstmuseums einplanen, dass oberhalb von Helligdomsklipperne liegt.

Die Etappe hat eine Streckenlänge von 18 km, für die man etwa 6 Stunden Gehzeit einrechnen sollte. 7 km davon verlaufen auf asphaltierten Wegen. Für den 1,5 km Abstecher nach Døndalen rechnet man 1 Std. und für den Besuch des Kunstmuseums auch etwa 1 Std. Helligdomsklipperne und notwendige Pausen sollten mit weiteren 1½ Std. angesetzt werden, so dass eine Tourendauer von 9 - 10 Std. zusammenkommt.

0,0 Startpunkt der Etappe soll der Badestrand in Sandvig sein. Sie besuchen kurz den kleinen Hafen und gehen dann hoch zur Straße „Strandvejen", deren Bürgersteig Sie bis zur Gemeinschaftsschule Allinge-Sandvig folgen. Kurz hinter der Schule und der Tankstelle biegt ein kleiner Weg zum Wasser ab. Dieser bringt

Sie zum kleinen Hafen von Kampeløkke. Kurz dahinter befindet sich die Räucherei von Allinge und wenige Schritte später sind Sie am gemütlichen Hafen von Allinge.

2,0-6,5　　Allinge - Sandkås - Tejn: ☞ Wanderung 6 (Gesamtstrecke)

6,5-9,0　　Tejn - Stammershalle: Der Weg folgt zunächst dem Hafen von Tejn, endet dann aber an der Küstenstraße, deren Geh- und Radspuren Sie auf den nächsten Kilometern folgen. Im Sommer ist die Straße stark befahren und man sehnt sich schon bald nach besseren Wegen. Zum Glück kommt man schnell voran und der Blick auf das Meer entschädigt. Eine Wanderung unten am zerklüfteten Strand ist aufreibend und daher nicht empfehlenswert, führt sie doch über Stock und Stein und würde ewig dauern.

9,0-11,5　　Stammershalle - Helligdomsklipperne: ☞ Wanderung 7 (zwischen Kilometer 0,0 und 4,0 aber ohne Abstecher Døndalen)

11,5-18,0 Helligdomsklipperne - Gudhjem: ☞ Wanderung 8 (Gesamtstrecke)

Anmerkung: Wer in Gudhjem zum Campingplatz „Sletten" will, muss noch weitere 500 m über den Küstenpfad Richtung Melsted wandern. Der Zeltplatz liegt am Weg, wunderbar zwischen den Klippen.

Helligdomsklipperne

Etappe 4: Gudhjem - Svaneke (16,5 km)
Die Etappe ist sehr wechselhaft. Schöne, typische und teilweise durch üppige Vegetation beschattete Küstenpfade wechseln mit mühsamen Asphaltstrecken auf den Geh- und Radwegen der stark frequentierten Küstenstraße ab.

Der Weg von Gudhjem nach Melsted und weiter zur Kobbeå ist ein angenehmer Pfad entlang der felsigen und teilweise sandigen Küste. Dann folgt eine längere Asphaltstrecke. Doch danach geht es zum Randkløve Skår, einer hohen Felspartie mit einem quer liegenden Spaltental. Der weitere Verlauf bis

Listed wird einmal kurz durch eine Asphaltstrecke unterbrochen, ist aber ansonsten gut gehbar und zeigt die für Ostbornholm typische flache, mit Steinen, Felsen und Wiesen durchsetzte und durch Wind und Wellen zerfurchte Felsküste. Die letzten Kilometer bis Svaneke entlang der bewaldeten Felsküste bilden einen leichten Ausklang der Etappe.

Die Etappe hat eine Streckenlänge von knapp 17 km für die man etwa 5 Stunden Gehzeit einrechnen sollte. 5 km davon verlaufen auf asphaltierten Wegen.

0,0-2,5   Gudhjem - Melsted - Kobbeå: ☞ Wanderung 9 (zwischen Kilometer 0,0 und 2,5)

2,5-5,5   Kobbeå - Saltuna: An der Kobbeå überqueren Sie die Brücke und müssen nun über den kombinierten Rad- und Fußweg dem Verlauf der Reichsstraße 158 folgen. Ein Vorwärtskommen über den zerklüfteten, steinigen Strand ist so gut wie unmöglich. Also, beißen Sie in den sauren Apfel und gehen schnellen Schrittes, links das Meer und rechts weite Felder, an der Straße entlang. Unterwegs kommen Sie an einer großen Glasbläserei vorbei. Wer mag, schaut sich die Ausstellung an. In Saltuna ist eine Kiesbucht und kurz danach liegt auf der rechten Seite ein altes, reetgedecktes Bauernhaus, das „Hvide Hus", welches heute ein gut besuchtes Kunsthandwerkerhaus ist.

Auf dem Küstenpfad bei Melsted

5,5-13,0   Saltuna - Listed: ☞ Wanderung 10 (Gesamtstrecke)

13,0-16,5 Listed - Svaneke: ☞ Wanderung 11 (Gesamtstrecke)

Anmerkung: Der Zeltwanderer ist am besten auf dem „Hullehavn Camping" aufgehoben, liegt er doch direkt am Kyststi. Sie folgen ab Svaneke der Küste nach Süden und zum Leuchtturm. Dort stoßen Sie auf die ersten Zelte und auch auf den Küstenpfad, der dann weiter nach Årsdale führt.

Etappe 5: Svaneke - Dueodde (21 km)

Eine Etappe mit vielen Abwechslungen steht auf dem Programm. Der Kyststi führt anfangs entlang einer relativ offenen Fels- und Schärenküste über den kleinen Ort Årsdale bis nach Nexø, der zweitgrößten Stadt Bornholms. Das Feuchtgebiet südlich von Nexø mit seiner flach auslaufenden Küste ist besonders für Vogelkundler und Botaniker interessant. Es ist Naturschutzgebiet und markiert den Übergang zwischen Fels und Sand. Der kinderfreundliche Sandstrand von Balka bietet den ersten Vorgeschmack.

Kurz nach dem Ferienort Snogebæk beginnt dann der Strand von Dueodde, ein breiter Strand mit herrlichen Dünen und Sand, so fein wie man es sich nicht vorstellen kann.

Die Etappe hat eine Länge von etwa 21 km. Planen Sie etwa 7 Std. Gehzeit ein. Einige Abschnitte der Strecke verlaufen auf asphaltierten Gehwegen innerhalb von Ortschaften. Die Strecke von Balka bis Dueodde Leuchtturm verläuft überwiegend im Sand.

0,0-4,0	Svaneke - Årsdale: ☞ Wanderung 12 (Gesamtstrecke)

Blick zurück nach Svaneke

4,0-10,0   Årsdale - Nexø: ☞ Wanderung 13 (Gesamtstrecke)

10,0-11,0 Ein Bummel durch die Gassen Nexøs sollte schon drin sein.

11,0-15,0 Nexø - Balka - Snogebæk: ☞ Wanderung 14 (Gesamtstrecke)

✋   In Snogebæk, in der Hovedgade 21, ist der letzte Supermarkt vor Rønne! Nur in Dueodde können Sie noch während der Campingsaison in den Minimärkten der Zeltplätze Lebensmittel kaufen. Sorgen Sie also für die letzten Etappen entsprechend vor.

Für die Fortsetzung der Wanderung bieten sich zwei Möglichkeiten:

Der ausgeschilderte Kyststi folgt der „Hovedgade" ortsauswärts und biegt dann links in den „Turistvej" ab, der dann schnurgerade zum Strand von Dueodde führt. Ohne Frage kommt man auf der asphaltierten Strecke flott voran und wer müde ist und ankommen will, sollte diese Variante wählen. Ich persönlich bevorzuge den Strandweg um die Landnase „Broens Odde". Er ist etwas länger und anstrengender, aber interessanter.

15,0-21,0 Snogebæk - Dueodde: ☞ Wanderung 15 (Gesamtstrecke)

Dueodde Strand, am Signalhaus vom Strand abbiegen, dann kommt man direkt zum Campingplatz und zur Jugendherberge

☺ Wer in Dueodde übernachten will, geht nicht erst bis zum Leuchtturm, sondern biegt vorher vom Strand ab. Am dreieckigen Kasten mit Rettungsmittel und Anweisung „Redningspost R54" gehen Sie direkt auf den Wald zu, sie folgen einem Holzweg und kommen zu einem kleinen roten Signalhaus in den Dünen am Waldrand. Kurz dahinter ist Dueoddes Vandrerhjem & Camping, wo es sich passabel übernachten lässt. Nachdem Sie sich in der privaten Jugendherberge oder auf dem Zeltplatz eingerichtet haben, ist ein Spaziergang zum etwa 500 m entfernten Leuchtturm ein schöner Etappenabschluss.

Etappe 6: Dueodde - Boderne (16 km)

Die Etappe an der Südküste wird überwiegend am Strand zurückgelegt. Es geht anfangs durch die Dünen an den breiten Sandstrand von Dueodde. Doch mit der Zeit wird der Strand schmaler, einsamer und wilder. Später geht es wieder durch Dünen und über passable Sandstrände bis zum Militärgebiet von Raghammer. Dieser Truppenübungsplatz, kurz vor Boderne, muss eventuell umgangen werden.

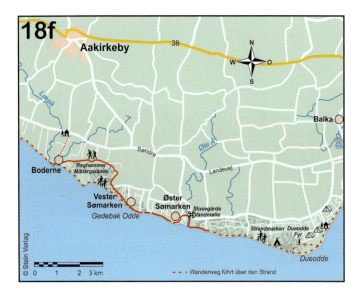

Die Etappe hat eine Gesamtlänge von 16 km (ohne Truppenplatzumgehung 14,5 km). Davon sind etwa 4 km (ohne Truppenplatzumgehung 1,5 km) auf asphaltierten Wegen zu laufen. Die restlichen Kilometer gehen über Strand-, Dünen oder Waldwege. Planen Sie eine Gehzeit von etwa 5 Std. ein.

0,0-6,5 Dueodde - Øster Sømarken: ☞ Wanderung 16 (Gesamtstrecke)

6,5 Øster Sømarken: Im öffentlichen WC unten am kleinen Hafen können Sie ihre Wasserflaschen auffüllen und es geht weiter entlang der Küste. Dumpfes Knallen stört die Idylle. Sie nähern sich langsam dem Truppenübungsplatz von Raghammer. Doch vorher geht es durch die Dünen oder am Strand von Øster und Vester Sømarken weiter. Nach dem Hafen geht es zunächst über den Strand. Nach etwa 300 m führt Sie der Kyststi über den Parkplatz von Holsterodde und in den Strandwald, der sich aber schon bald lichtet. Sie gehen auf einem offenen Weg, der zwischen den mit Sträuchern und Gras bewachsenen Dünen angelegt ist. Rechts des Weges sehen Sie relativ viele Ferienhäuser, die sich aber recht unauffällig in die Landschaft einfügen. Der Strand bei Sømarken, über den Sie natürlich alternativ auch gehen könnten, ist ein recht ordentlicher Sandstrand, der aber nicht mehr die Qualität Dueoddes hat.

Der Kyststi führt kurz hinunter zum Strand. Sie kommen an einem relativ teuren Restaurant vorbei, das oben in den Dünen liegt und einen schönen Ausblick über die Ostsee bietet.

8,5 Kurz vor der Landnase „Gedebak Odde" können Sie wieder in die Dünen aufsteigen. Wer mag, kann natürlich weiterhin am Strand bleiben.
Ein Parkplatz wird passiert. Dann geht es weiter durch die schöne, mit Sträuchern, Gräsern und Bäumen befestigte Dünenlandschaft. Allerdings wird das Gepolter des nahen Truppenübungsplatzes immer lauter. Und schließlich sehen Sie den Signalmast von

9,0 **Raghammer**. Der folgende Küstenstreifen bis Boderne ist als Schieß- und Truppenübungsplatz des dänischen Militärs angelegt. Ein Signalmast zeigt, ob das Gebiet passiert werden kann, oder ob es umgangen werden muss.

Ist der rote Ball, wie im Bild Seite 120, gehisst, muss das Militärgebiet umgangen werden. Ein auffällig gelbes Schild erklärt diesen Umstand; allerdings nur in dänischer Sprache. In der Regel ist das

Militärgebiet an Wochentagen bis etwa 16:00 gesperrt. Ein Zeitplan hängt einige Meter weiter an einem Tor. Ihn zu verstehen, setzt allerdings gute Kenntnisse der dänischen Sprache voraus.

Signalmast beim Schieß- und Truppenübungsplatz Raghammer
„Schön aufpassen, ob Sie das Gebiet passieren dürfen!"

Wenn der Ball unten ist, kann der Weg über den Strand genutzt werden. Es sind vier schöne Strandkilometer bis zum kleinen Ort Boderne. Der Weg außen um das Militärgebiet herum ist 5,5 km lang und teilweise ermüdend langweilig. Der Anfang ist noch recht spannend. Es geht durch Dünen und offene Heide und zeitweise im Wald, immer an den eng gesetzten gelb-schwarzen Pfählen, die den Truppenübungsplatz markieren, entlang. Der Pfad führt weg von der Küste und endet schließlich auf einer relativ geraden und nicht enden wollenden Straße, die am Rande des Militärgebietes verläuft.

Dies ist vielleicht das ödeste Stück des gesamten Kyststis. Später geht der Weg dann auf angenehmen Feld- und Waldwegen weiter, die schließlich und endlich zum kleinen Dorf Boderne führen.

14,5 (13,0) **Boderne** ist ein Ort, der immerhin ein Restaurant und einige Bekleidungsläden aufweist. Am schön gelegenen kleinen Hafen soll die Etappe eigentlich enden. Wer allerdings in der Jugendherberge übernachten möchte, muss noch etwa 1,5 km bis zur Hauptsstraße zurücklegen.

Die Stichstraße von Boderne bis zur Hauptstraße geht leicht bergauf, sie ist gerade und langatmig. Der Blick zurück über die Ostsee entschädigt allerdings ein bisschen.

16,0 (14,5) Die Jugendherberge „Danhostel Boderne", die auch einen kleinen Kiosk hat, liegt genau an der Kreuzung Bodernevej/Søndre Landevej. Wer nach Aakirkeby möchte, folgt der Ausschilderung der Straßenschilder. Es sind noch etwa 4 km bis dorthin.

Tipp: Wer auf dem kleinen Naturlagerplatz „Sose" zelten möchte, füllt seine Wasservorräte sicherheitshalber am Hafen auf und folgt dem Kyststi weitere 5 km nach Westen (siehe Etappe 7, bzw. Wanderung 17, Kilometer 0,0 bis 5,0) Richtung Sose Odde. Damit würde sich Etappe 7 um 5 km verkürzen.

Etappe 7: Boderne - Rønne (21 km)

Diese Etappe bringt viel Neues und unterstreicht die Vielfalt der Küsten Bornholms. Gleich hinter Boderne beginnt die aus Sand, Ton und anderen Elementen bestehende hohe Steilküste an der Sose Bugt. Die Strände werden schmaler und können bei auflandigen Stürmen sogar überspült werden.

Auch die Küste östlich vor Arnager hat wunderschöne Steilküsten und einige passable Badestrände. Das Kalkkliff westlich von Arnager und der wilde steinige Küstenabschnitt unterhalb des Flughafens machen diese Etappe einzigartig. Küstenwald und Badestrand an der Møllebugt, die befestigte hohe Küste kurz vor dem Rønner Hafen und die Durchquerung der Stadt beenden die Umrundung der Insel.

Die Länge der Etappe beträgt etwa 21 km. Etwa 4 km gehen über asphaltierte Wege. Die überwiegende Strecke führt über Strand und Steilküste. Rechnen Sie mit einer Gehzeit von 6 bis 7 Std.

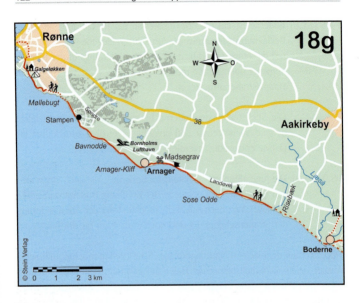

0,0 Die Etappe beginnt an der Jugendherberge „Danhostel Boderne", oben an der Schnellstraße Søndre Landevej. Über die kleine Straße „Bodernevej" geht es mit schönem Blick über die Ostsee runter in den Ort und zum kleinen Hafen von Boderne.

1,5-13,0 Boderne - Arnager-Kliff: ☞ Wanderung 17 (zwischen Kilometer 0,0 und 11,5)

Der folgende Strandabschnitt bis Stampen, kurz vor Rønne, ist naturbelassen, steinig, wild und einsam. Die Fortbewegung über den Strand ist anstrengend und schwierig. Jeder Schritt hier muss bedacht sein, ansonsten besteht Gefahr, dass man in Geröll und Treibgut umknickt oder fällt. Einige kurze Küstenecken sind verschilft und verblockt. Diese Passagen sind feucht, der Weg unklar und der Tritt muss blind gesetzt werden und versackt so manches Mal im Untergrund.

Der Weg geht zum Glück nur anfänglich über den Strand. Später geht es auf die Steilküste, wo ein gut begehbarer Pfad zügige Fortbewegung gewährleistet. Er führt über offenes Gelände und wird zur Landseite durch einen hohen Zaun begrenzt. Auf dem Bornholmer Flughafen ist zum Glück wenig Betrieb und die Aussicht über das Meer und die Blicke runter zum Geröllstrand entschädigen.

Bei sehr hohen Wasserständen, verursacht durch starke auflandige Winde, kann es vorkommen, dass Sie erst gar nicht am Arnager-Kliff vorbeikommen, weil der schmale steinige Strand davor überspült ist. Dann sollten Sie die Etappe abbrechen oder den Flughafen mit dem Bus Nr. 7 umfahren oder ihn über den kombinierten Rad- und Gehweg oben an der Landstraße „Søndre Landevej" umgehen (etwa 5 km).

Küste zwischen Arnager und Rønne, unterhalb des Flughafens

13,8 Eine Treppe führt auf den Steilhang. Sie wenden sich nach Westen und folgen dem Zaun des Flughafens. Sie schauen in die Weite, nehmen schreiende Vögel, das Geräusch von rollenden Steinen in der

Brandung und das Dröhnen der Motoren, sollte mal ein Flugzeug starten oder landen, wahr.

So trottet man einsam und in Gedanken ein ganzes Stück am Zaun entlang. Zwischendurch führt ein Weg zum Strand hinunter. Bleiben Sie lieber oben und folgen weiter dem Zaun, bis ein

15,2 befestigter Weg - kurz vor Ende des Flughafengeländes, etwa dort wo die Landebahn beginnt - Sie wieder zum wilden Strand hinunter leitet.

16,0 Mit der Landnase „Korsodde", am westlichen Ende des Flughafengeländes, endet auch der Geröllstrand. Es erwartet Sie eine schöne Sandsteinsteilküste. Der Strand ist anfänglich schmal, sandig und gut begehbar. Die ersten Häuser kommen in Sicht. Die Steilküste weicht zurück und Sie stehen in einer schönen Bucht.

Die Møllebugt vor den Toren Rønnes hat einen sehr schönen feinen und auch relativ breiten Sandstrand. Der mit Kiefern bewaldete Dünengürtel dahinter versteckt das Ferienhausgebiet „Stampen" und ist mit zahlreichen Wegen durchzogen. Der Kyststi setzt sich eigentlich im Wald fort. Allerdings ist die Ausschilderung für den Einstieg in das Waldgebiet kaum auffindbar. Und es macht auch wenig Sinn, danach zu suchen. Folgen Sie einfach der Küstenlinie bis kurz vor den Steinwällen, die das

17,0 westliche Ende des Sandstrandes markieren. Dann gehen Sie hoch in den Wald und gelangen schon bald auf den asphaltierten Rad- und Fußweg, der Sie parallel zum „Strandvejen" in die südlichen Vororte von **Rønne** bringt.

18,0 Hinter dem Hotel „Raddison" beginnt ein Park und Sie gehen wieder zurück zum Meer. War vorher die Küste mit Häusern und Privatgrundstücken verbaut, können Sie nun mit etwas Gespür die Steilküste südlich vom Rønner Hafen erreichen. Gespür bzw. Orientierungsvermögen brauchen Sie deshalb, weil die Ausschilderung des Kyststis eigentlich nicht mehr vorhanden ist. Aber das ist weiter kein Problem. Wer es eilig hat und ins Stadtzentrum oder zum Fährhafen will, folgt einfach dem Fuß- und Radweg, auf dem Sie sich zurzeit befinden. Der Nichteilige folgt ebenfalls dem Fuß- und Radweg. Nach etwa 300 m aber schlagen Sie sich links in die Büsche und folgen einem schmalen Weg, der Sie schließlich zur Küste bringt. Der Pfad durch den Park „Galgeløkken", der Galgenkoppel also, ist durchaus spannend. Er ist relativ offen, von einigen Bäumen flankiert und verläuft auf der Steilküste, die etwa 10 m hoch ist und durchaus schöne Blicke auf das Meer und auf den Südhafen von Rønne freigibt. Einige Treppen führen zu kleinen Angel- und Badebuchten hinunter. Die Buchten sind durch Steinwälle, die dem Küstenschutz dienen, abgegrenzt.

Im Park liegen auch ein Campingplatz und die Jugendherberge. Schließlich geht es von der Küste weg und Sie stehen vor einer alten Festung, dem Kastell. Wer mag, schaut sich hier noch etwas um und besucht das Verteidigungsmuseum.

20,0 Am Kastell endet auch der Park und bis zum Fährhafen bzw. zum „Bornholms Velkomstcenter" sind noch einige Meter zurückzulegen. Der Weg führt Sie vorbei an der Nicolaikirche und durch die engen Gassen zum „Støre Torv", dem Markplatz und dem Herzen der Stadt. Die belebte Straße „Snellemark" schließlich bringt Sie hinunter zum Hafen und zur Touristinformation.

21,0 Hier endet bzw. beginnt der Kyststi.

Rundwanderungen durch Bornholms Wälder

Aussichtsturm auf dem Rytterknægt

Wanderung 19: Rø Plantage

Die Rundwanderung durch diesen Teil des Bornholmer Hochlandes erschließt die 593 ha große Rø Plantage, die 1866-75 angelegt wurde. Aus der einstigen mit Felsspalten durchsetzten Viehheide sollte ein Wald werden. Durch einen Steinwall grenzte man das Vieh aus und pflanzte vorwiegend Tannen, Kiefern, Lärchen und Birken. Später kamen Fichte, Esche, Buche und Eiche dazu. Die Kultivierung gelang und heute kann man einen schönen Mischwald erleben, der natürlich in einigen Bereichen auch uniforme Bepflanzungen aufweist.

Kurzinfo: leichte gut 6 km lange Rundwanderung (verkürzbar auf 3,8 km) auf gut gehbaren Forstwegen und Pfaden, ein paar leichte Auf- und Abstiege über Treppen, Gehzeit: 2 bis 2½ Std.
Ausschilderung: gelbe Punkte
Ausgangspunkt: Parkplatz am Nordstrand an der Straße Gudhjem - Årsballe (Sigtevej)
Öffentlicher Verkehr: nur über Schulbus, Bushaltestelle am Brommavej (300 m vom Parkplatz) oder Buslinie 2 und 9 mit langem Anmarsch

0,0   Vom Parkplatz führt Sie ein breiter Pfad entlang dem Nordrand der Plantage. Gelbe Punkte und Richtungspfeile an Bäumen weisen Ihnen den Weg.

0,4   Ein Bach wird gequert, danach steigt der Pfad über einige Treppenstufen wieder auf. Schließlich knickt der Pfad nach Südwesten ab und verläuft die nächste Zeit im „Nordre Borgedal". Der Boden ist weich, der Pfad breit und relativ offen, links schimmern die Felsen durch die Bäume und man kommt gut voran.

1,2 Sie erreichen einen Forstweg. Diese Stelle ist mit „A" gekennzeichnet. Ginge man nach links, liefe man eine Abkürzung, die direkt zu den Borgedalseen führt:

Abkürzung: Die Strecke ist etwa 1 km lang und durchaus reizvoll. Am Punkt „A" geht es nach links und nach 50 m geht es rechts auf einen breiten Pfad. Dieser führt leicht ansteigend in einen schönen Buchenwald. Nach einem kurzen Schlenker über zwei Forstwege steigt der Weg über einen düsteren Pfad durch den Nadelwald zur Brücke an den Seen ab. Sie steigen dann bei km 4,5 wieder in den großen Rundweg ein.

Der große Rundweg geht geradeaus weiter. Ein schmaler Pfad führt durch dichten Wald.

1,9 Der Forstweg „Lundehusvej" ist erreicht. Es geht kurz links, nach 20 m wieder rechts auf einen breiten Pfad, der sich „Klippevej" nennt und wenig Interessantes zu bieten hat.

2,8 An der Einmündung in den Forstweg „Tyvemyrvej" ist die Mitte der Tour erreicht. Sie biegen nach Osten, in diesem Falle links, ab, kommen am Moor „Tyvemyr" vorbei und erblicken rechts den von Birken umrahmten Waldsee „Donnemyr".

3,5 Kurz darauf mündet der Forstweg in einen anderen. Die gelben Punkte weisen weiter geradeaus nach Südost zu einem Pfad, der zu einer Abbruchkante führt und zu einer

3,7 Treppe. Diese geht runter ins „Søndre Borgedal". Sie durchschreiten das Tal und setzen den Weg auf der Südseite nach Nordost fort. Es ist ein schönes breites Tal, eingerahmt von Nadelwald und dazwischen ein Feuchtgebiet und der Weg. Schließlich kommen Sie an die künstlichen Seen.

4,4 Die Brücke „Pionerbroen" teilt den See. Von der Brücke haben Sie einen wunderbaren Blick über die schmalen Seen und das Tal.

4,5 Der Weg orientiert sich jetzt am nördlichen Seeufer. Der Abkürzungsstrecke (☞ oben) mündet hier und vereint sich mit dem Hauptweg. Der folgende Abschnitt ist sicherlich der Höhepunkt der Wanderung durch die Plantage. Der holprige Pfad zwischen Wald und See ist einfach schön! Manchmal denkt man, man ist irgendwo im tiefsten Schweden und keine Menschenseele weit und breit.

5,1 Eine Stauung und ein kleines Wehr verhindern das Auslaufen des Sees, der übrigens angelegt wurde, um die Unmengen an Holz, die der Orkan von 1967 gefällt hatte, zu konservieren. Die Baumstämme konnten dann später aus dem Seewasser herausgefischt werden und zu guten Preisen am Markt verkauft werden. Zum Glück hat man die Seen erhalten.
Der Weg erreicht einen Forstweg und ein weiteres kleines

5,3 Wehr. Auf der Anhöhe verlässt der Wanderweg den Forstweg und biegt nach links ab. Der offene Pfad lässt schöne Ausblicke auf Tal, Felsen und Wald zu. Einem Feldrand folgend und ein kleines Wäldchen querend, stößt man auf die Landstraße Gudhjem - Årsballe (Sigtevej) und folgt dieser 300 m nach links bis zum

6,1 Parkplatz, wo diese schöne Wanderung endet. Auf dieser Strecke begegnet man selten Menschen. Meist ist man mit sich und der Natur allein.

Wanderung 20: Almindingen Runde 1: Gamleborg, Lilleborg, Rokkesten

Schöne und abwechslungsreiche Waldwanderung durch Bornholms großen Wald Almindingen, garniert mit schönen Waldseen, einem Wackelstein und Überresten alter Burgen.

Kurzinfo: leichte 5,6 km lange Rundwanderung auf Waldwegen mit einigen leichten Auf- und Abstiegen, Gehzeit: 2 bis 2½ Std.

Ausschilderung:	gelbe Punkte, Hinweissteine
Ausgangspunkt:	Parkplatz Straße Rønne - Svaneke am Kilometerstein 14
Öffentlicher Verkehr:	Bus Linie Nr. 1 und 4
Kombinierbar mit:	Wanderung 21

0,0 An der Landstraße Rønne - Svaneke, am Kilometerstein 14, etwas östlich der „Lilleborg", ist ein Parkplatz und auch eine Bushaltestelle. Genau dort beginnt die Wanderung. Die gesamte Strecke ist mit gelben Punkten und Hinweissteinen recht gut gekennzeichnet.

Der Weg geht auf gutem Forstweg nach Südost und Sie erreichen schon bald den

0,2 Waldsee „Græssøen". Sie wandern weiter und entdecken links ein Denkmal.

0,5 Das Denkmal „Rømersminde" ehrt den Forstmeister Hans Rømer, der maßgeblich an der Gestaltung, Einfriedung und Aufforstung des Waldes beteiligt war.
Sie peilen jetzt das unten weiß gestrichene Strohdachhaus südlich gegenüber dem Denkmal an. Rechts davon ist ein Pfad, der durch den Wald zur

0,8 „Gamleborg" führt. Von dieser ehemaligen Festung aus der Wikingerzeit (750-1150 nach Christus) sind nur noch die Eingänge und der westliche Burgwall gut erkennbar. Und doch bekommt man einen Eindruck und kann sich vorstellen, dass dieser exponierte Ort eine gute Zufluchtsstätte für die Bewohner Bornholms war.
Sie gehen über den westlichen Burgwall zum ehemaligen

1,2 Südtor, verlassen die Anlage und folgen der Ausschilderung „Rytterknægten" auf einen Pfad durch den Wald und erreichen den

1,4 Forstweg, auf dem auch der Radweg Nr. 22 verläuft. Rechts können Sie noch einen Blick auf den kleinen Waldsee „Dyresøen" werfen. Sie wenden sich nach links und marschieren über den Radweg bis zur nächsten Abzweigung.

1,6 Sie biegen nach rechts in den Forstweg ein und folgen den gelben Punkten hoch in den Wald. Sie kommen gut voran und sind schon bald an einem

2,3 befestigten Weg, der zum „Rytterknægten" führen würde. Es geht ein winziges Stück rechts und gleich wieder rechts auf einen schmalen Pfad Richtung „Lilleborg". Der von der Tendenz leicht abfallende Pfad führt durch einen Laubwald zum

2,9 See „Borgesø". Dieser wird auf einer Holzbrücke überquert und schon stehen Sie in der ehemaligen Königsburg „Lilleborg". Von dieser Burg aus dem Mittelalter (1150-1250) stehen allerdings nur noch die Grundmauern einiger Gebäude und Teile des umgrenzenden Steinwalls.

3,1 Die Landstraße Rønne - Svaneke ist vorsichtig zu queren. Die Fortsetzung der Wanderung beginnt etwa 100 m westlich der Burg. Ein leicht aufsteigender Forstweg bringt Sie hoch zum

3,4 Forstweg „Gl. Landevej". Dieser ist zu queren. Ein dicker Pfeil und ein Hinweisstein mit der Inschrift „Rokkestenen" geben die Richtung an.

Almindingen - der malerische See „Kohullet"

3,7 Der kleine romantische Waldsee „Kohullet" links lädt zu einer Rast ein. Rechts sehen Sie den langsam versumpfenden See „Langemose". Sie verlassen den Hauptweg und gehen am Ostufer des „Kohullet" vorbei in ein teilweise recht feuchtes Spaltental. Auch dieser Nebenpfad ist mit gelben Punkten markiert. Am Ende des Tales kommen Sie zum

4,2 See „Puggekullekær". Auch dieser See liegt idyllisch im Wald. Der Pfad wendet sich nach Südost und erreicht schon nach wenigen Metern einen Forstweg. Sie gehen rechts auf den Forstweg und nach etwa 75 m geht es links in den Wald und zum

4,5 "Rokkestenen". Dieser große Findling aus der letzten Eiszeit wackelt tatsächlich noch ein bisschen. Probieren Sie es aus.
Der anschließende Forstweg ist wenig aufregend und so können Sie unbeschwert voranschreiten.

5,0   Ein offener Rastplatz etwas abseits des Weges bietet einen schönen Blick über den See „Åremyr", auf den Wald und auf die unten im Tal verlaufenden Landstraßen.
Es geht weiter und schon bald biegen Sie nach links auf den Forstweg „Gl. Landevej", und überqueren wieder vorsichtig die Landstraße und sind zurück an

5,6   der Bushaltestelle bzw. am Parkplatz.

Hinweis: Die Wald- und Naturverwaltung hat eine sehr gute Karte von Almindingen herausgegeben. Diese liegt kostenlos an einigen Waldparkplätzen oder in den Touristinformationen aus.

Wanderung 21: Almindingen Runde 2: Ekkodalen, Rytterknægten

Diese aussichtsreiche Rundwanderung im Wald Almindingen führt zuerst durch das bekannteste Spaltental der Insel, das „Ekkodalen". Dann folgt der Aufstieg zum höchsten Punkt der Insel, dem „Rytterknægten". Der anschließende Rückweg ins „Ekkodalen" ist mit vielen schöne Aussichten über Südbornholm garniert.

Kurzinfo: anspruchsvolle 5,4 km lange Rundwanderung auf Waldwegen und schmalen Pfaden mit einigen relativ steilen Auf- und Abstiegen, Gehzeit: 2 bis 2½ Std.
Ausschilderung: gelbe Punkte und Hinweissteine, kurzes Stück auf unmarkierter Strecke und auf dem Radweg Nr. 22
Ausgangspunkt: Parkplatz Klippely nahe der Landstraße nach Aakirkeby
Öffentlicher Verkehr: Bus Linie Nr. 9
Einkehrmöglichkeiten unterwegs: Kiosk am Rytterknægten
Kombinierbar mit: Wanderung 20
Karte ☞ Seite 131

0,0   Die Wanderung beginnt am Parkplatz „Klippely". Diesen erreichen Radler und Autofahrer über die Landstraße Aakirkeby - Almindingen.

Kurz vor dem Wald geht es zum „Ekkodalen" ab. Auch die „Busfahrer" können an dieser Kreuzung aussteigen. Sie müssen allerdings noch knapp 1 km bis zum Startpunkt zurücklegen. Am Parkplatz gibt es ein WC, einen Kiosk und das Restaurant „Ekkodalshuset".

Almindingen: Das Ekkodalen

Schon der erste Blick auf dieses lange Spaltental mit seinen senkrecht aufragenden Felsen ist beeindruckend. Und auch das Echo funktioniert. Probieren Sie es aus. Die beste „Echostelle" ist gleich am Anfang des Weges. Ein Schild weist darauf hin.
Der Weg folgt zuerst dem Tal und ist mit gelben Punkten markiert. Sie überqueren den Bach, passieren ein Gatter und folgen dem Weg dicht an die Felswand. Schließlich erreichen Sie

0,9 eine Treppe. Diese bildet den Anfang des Aufstieges auf die Felsen und in den Wald. Oben folgen Sie den gelben Punkten durch den Laubwald Richtung Nordost. Ab und zu lichtet sich der Wald und Sie haben schöne Ausblicke nach Südost und ins Tal.

1,7	Eine Abzweigung weist den Weg zurück ins Tal und zum Parkplatz. Hier wäre Gelegenheit, die Wanderung abzukürzen. Allerdings verpassen Sie dann einiges. Sie folgen dem Hinweisstein Richtung „Rytterknægten".
1,9	Radweg Nr. 22 mit Rastplatz wird erreicht. Es geht weiter auf dem geschotterten Forstweg, der mit „Rytterknægten" ausgeschildert ist. Der Weg ist ansteigend. Schließlich sehen Sie den Aussichtsturm, der Bornholms höchsten Punkt um einige Meter anhebt.
2,6	Der „Rytterknægt" ist 162 m hoch. Wer mag, besteigt den Turm (📷 Seite 126) und genießt bei passender Wetterlage einen fantastischen Ausblick über große Teile Bornholms. Neben dem Turm ist eine militärische Station und unten ein ziviler Kiosk. Der Weg setzt sich nach Süden auf einem guten Forstweg durch den Wald fort.
2,9	Nur ein abzweigender Forstweg nach rechts - Sie gehen geradeaus weiter.
3,2	Der gelb markierte Weg biegt nach rechts ab. Sie gehen links und erreichen schon nach wenigen Metern den
3,4	Radweg Nr. 22. Diesem folgen Sie nach Süden, Richtung „Vestermarie".
3,7	Der Wald lichtet sich und Sie stehen an einer Abbruchkante und genießen einen schönen Blick über Südbornholm. Wenn das Wetter gut ist und der Wind schwach, wäre hier zwischen den Steinen ein perfekter Picknickplatz. An dieser aussichtsreichen Stelle wendet sich der Wanderweg Richtung Nordosten. Am Waldrand findet sich ein Hinweisstein „Ekkodalen". Sie folgen den gelben Punkten hoch oben auf der Felskante. Dieser Pfad ist einfach toll. Sie sehen Aakirkeby, das Meer und unten das Moor „Vallensgård Mose".

3,9 „Dronningestenen" heißen die im Wald und an der Abbruchkante liegenden, großen Felsklumpen. Auch hier hat man wieder schöne Aussichten.

4,2 Der Weg verzweigt sich. Rechts geht es hinunter ins Tal. Sie bleiben oben und kommen nun auf den Pfad, den Sie schon zu Beginn der Wanderung gelaufen sind (km 1,0 bis 1,7). Aber das macht nichts, er ist einfach schön. Der Pfad windet sich durch dichten Wald, fällt und steigt und lässt ab und an ein paar schöne Ausblicke zu.

4,8 Der Pfad wendet sich ins Tal, nachdem man eine Treppe, die zusätzlich mit Handläufen gesichert ist, passiert hat. Vorsichtig steigt man ab. Dies ist besonders bei Nässe geboten, denn dann sind die Steine glitschig und man kommt leicht ins Rutschen.

5,0 Sie sind wieder unten im „Ekkodalen" und blicken die lange Felswand entlang. Sie überqueren den Bach und gehen auf bekanntem Weg schnell zurück zum Ausgangspunkt der Wanderung, dem

5,4 Parkplatz „Klippely".

Hinweis: Die Wald- und Naturverwaltung hat eine sehr gute Karte von Almindingen herausgegeben. Diese liegt kostenlos an einigen Waldparkplätzen oder in den Touristinformationen aus.

Wanderung 22: Almindingen Runde 3: Die versteckten Seen

Die entspannte Rundwanderung im Westen des Waldes Almindingen ist unspektakulär, aber durch die im Wald „versteckten" Seen sehr reizvoll.

Kurzinfo: leichte 2,8 km lange Rundwanderung auf Waldwegen und Pfaden ohne nennenswerte Auf- und Abstiege, lediglich zwei kurze Treppenstufen, Gehzeit: 1 bis 1½ Std.
Ausschilderung: gelbe Punkte

Ausgangspunkt: Parkplatz am Segenhus an der Straße Rønne - Svaneke
Öffentlicher Verkehr: Bus Linie Nr. 1 und 4
Karte ☞ Seite 131

0,0 Im äußersten Westen des Waldes Almindingens an der Landstraße Rønne - Svaneke, Kilometer 12,5, liegt das Forsthaus „Segenhus". Dort gegenüber am Parkplatz startet die Tour. Die Bushaltestelle liegt etwas unterhalb, westlich vom Parkplatz.

Am Anfang des Weges ist ein kleiner botanischer Park. Im „Arboretum", 1930 von Förster Valdemar Sejr angelegt, sind zusätzlich Bäume aus Amerika und Asien angepflanzt. Der Park ist mit kleinen Seen, Rasenflächen und Rastbänken hübsch angelegt.

Sie folgen den gelben Punkten und verlassen schon bald den Park

0,5 ein Bohlenweg leitet Sie trockenen Fußes am Nordende des kleinen Waldsees „Svovlmyrene" vorbei. Sie folgen dem Seeufer und sind schon bald am

0,7 See „Store Gramkule". Dieser romantische Waldsee mit seinem klaren Wasser wird sporadisch von niedrigen Felswänden und Birken flankiert. Der Pfad ist am Westufer des Sees markiert.

0,9 Am Südende des Sees geht es links auf einen Forstweg. Nach 100 m geht es kurz rechts und nach weiteren 100 m biegen Sie nach links in einen breiten Waldpfad ein, der Sie zum

1,3 See „Duedalsvandet" bringt. Der See ist etwas tiefer gelegen. Treppenstufen führen hinunter. Ein Bohlenweg am Südende des Sees leitet Sie auf das Ostufer. Dort geht es wieder über einige Treppenstufen leicht hoch. Sie folgen den Markierungen nach Norden auf einen Pfad durch Nadelwald.

1,6 **Achtung:** Der Weg wendet sich nach Osten. Die Markierungen an den Bäumen sind stark ausgeblichen und leicht zu übersehen. Doch letztendlich ist es kein Problem, den

1,8	asphaltierten Fahrweg zu erreichen. Der Wanderweg geht kurz rechts über die Fahrbahn (50 m nach Süden) und biegt links in den Wald auf einen schmalen Pfad ein.
	Sie umgehen jetzt eine „wissenschaftliche Versuchsfläche" (Videnskabeligt iagttagelsesområde). Der Orkan von 1967 hat alle Bäume in diesem Gebiet umgerissen. Man hat die Natur sich selbst überlassen und das Ganze beobachtet. Mittlerweile stehen wieder zahlreiche Bäume in der Fläche und wachsen und gedeihen. Der anschließende Pfad bringt Sie zügig zurück zum
2,8	Ausgangspunkt.

Hinweis: Die Wald- und Naturverwaltung hat eine sehr gute Karte von Almindingen herausgegeben. Diese liegt kostenlos an einigen Waldparkplätzen oder in den Touristinformationen aus.

Wanderung 23: Paradisbakkerne - Die gelbe Runde

Die Rundwanderung auf der gelb markierten Strecke durch die „Paradieshügel" ist die wohl abwechslungsreichste Waldwanderung auf Bornholm. Der schmale, holprige Pfad windet sich durch einen mit Felsen und Steinen durchsetzten Mischwald und führt an malerischen Seen, dunklen Spaltentälern, offener Heide und steilen Felsformationen vorbei.

Kurzinfo: anspruchsvolle 5,5 km lange Rundwanderung auf holprigen Pfaden mit einigen leichten Auf- und Abstiegen, Gehzeit: 2½ bis 3 Std.
Ausschilderung: gelbe Dreiecke und Hinweisschilder, zum Ende rote Kreise und eine kleine unmarkierte Strecke
Ausgangspunkt: Parkplatz östlicher Waldrand am „Oksemyrevej"
Öffentlicher Verkehr: Bus Linie Nr. 7 und 8 bis Haltestelle „Ibskervej"/„Oksemyrevej"
Kombinierbar mit: Wanderung 24

Den Parkplatz am östlichen Waldrand erreicht man über die Straße Nexø - Østermarie. 4 km nördlich von Nexø führt links der „Oksemyrevej" zum

Parkplatz. Der öffentliche Bus der Linie 7 bzw. 8 bedient die Strecke Nexø - Svaneke via Ibsker und Joboland. Bitte studieren Sie aufmerksam den Fahrplan. An der Kreuzung „Ibskervej"/„Oksemyrevej" steigen Sie aus und müssen zusätzlich etwa 1,5 km bis zum Einstieg in die Wanderung zurücklegen.

0,0   Etwa 300 m westlich vom Parkplatz beginnt die Wanderung. Sie folgen den gelben Dreiecken nach Norden Richtung „Gamledam" und „Majdal". Der anfangs breite Pfad passiert den verschilften, kleinen Waldsee „Oksemyr", wird schmaler und erreicht das

0,4   Hochmoor „Gamledam", dessen Westseite von Felsen flankiert wird. Der Pfad folgt der Ostseite des Moores und biegt danach leicht nach Nordwest ab.

0,7   Die Findlinge „Trommerestenene" liegen am Weg. Dann geht es abwärts und Sie blicken links in das schmale und düstere

1,1   Spaltental „Dybedal". Nur wenige Meter breit und bis 10 m tief ist diese scharf in die Landschaft geschnittene Spalte. Sie folgen dem Schild „Dybedal" nach links und wandern jetzt auf dem westlichen Rand der Spalte entlang. Ein Blick hinab ist durchaus lohnend.

1,4   Der Pfad verlässt die Schlucht und biegt nach Westen ab. Zwischendurch erregt ein Geröllhaufen Ihre Aufmerksamkeit. In den „Troldstauerne", so heißt es, lebten einst Trolle.

	Wie auch immer, der Pfad windet sich weiter und plötzlich stehen Sie vor einer dunklen Felswand.
2,2	Das „Ravnedal" ist üppig bewachsen und an der Westseite mit hoch aufragenden, senkrechten Felsen begrenzt. Der Weg geht nach Süden und durch das im Sommer, wenn alles wächst und gedeiht, dunkle Tal.
2,4	Ein Gatter, der Wald endet und Sie stehen plötzlich im Licht und in der Heide. Die Hochheide „Årsdale Ret" wurde angelegt, um der Nachwelt zu zeigen, wie das Hochland Bornholms vor 150 Jahren und mehr ausgesehen hat. Die Orientierung fällt schwer, zumal auch alle gelben Dreiecke unauffindbar sind. Doch eine einzelne Felsformation gibt die Gehrichtung an.
2,7	Sie steuern den schroffen Felsen „Majdal" im Süden an. Direkt davor ist ein feuchtes und sumpfiges Gelände. Retten Sie sich auf einen der zahlreichen Felsbuckel in der Heide, machen Sie eine Rast und lassen Sie die Landschaft auf sich wirken. Nördlich von „Majdal" und vor dem Feuchtgebiet mit Tendenz Ost taucht links wieder ein Pfahl mit einem gelben Dreieck auf. Sie folgen dem Pfad nach Osten und erreichen
3,0	den Waldrand und eine Orientierungstafel. Mehr oder minder dem Waldrand nach Osten folgend gelangen Sie zum
3,3	„Midterpilt". Dies ist ein vom Mensch geschaffener Steinhaufen, der den Bewohnern damals zur Orientierung in der Heide diente. Er steht mit 113 m auf der höchsten Stelle dieser Gegend. Nach einem Gatter taucht der Weg in den Wald ein. Es geht runter, später wieder etwas rauf und Sie kommen zum Fahrweg
3,7	„Oksemyrevej". Wer von holprigen Pfaden genug hat, kann schnellen Schrittes zum Ausgangspunkt oder zum Parkplatz (1,3 km) auf dem Fahrweg zurückgehen.

Paradisbakkerne - dominante Felswand im Spaltental „Majdal"

Ansonsten geht es nach rechts, Richtung Westen, weiter. Nach 200 m

3,9 geht es links zurück auf den Waldpfad, Ausschilderung „Rokkestenen/Klintebygård". Der Pfad quert einen Wasserlauf, der von einer Birkenallee flankiert wird. Dann folgen Sie dem Nordrand des Tales „Grydedal". Das Gelände ist relativ offen und Sie kommen gut voran.

4,2 Sie kommen an eine Orientierungstafel, folgen jetzt für kurze Zeit den roten Kreisen und gehen Richtung „Lillegryde". Der Pfad steigt an. Rechts unten sehen Sie den malerischen Waldsee „Grydesø". Links ist ein offenes Gelände, wo man alle Bäume gerodet hat.
Achtung: Die Ausschilderung ist recht sparsam und man muss schon sehr aufpassen, um auf dem richtigen Weg zu bleiben. Nach etwa 200 m, etwa auf Höhe des Sees, knickt der Weg nach Nordosten ab und erreicht den Rand des Kahlschlages. Ein spannender Pfad führt nun runter zum verschilften See „Lillegryde".

4,8 An der anschließenden Orientierungstafel laufen alle markierten Pfade des Waldes zusammen. Der gelb markierte Weg, der nach Norden zum Ausgangspunkt zurückführt, ist relativ langweilig. Wählen Sie deshalb den unmarkierten Pfad Richtung „Kodal". Dieser Pfad folgt erst dem West- und später dem Ostrand des Spaltentales „Kodal". Auf den Felsen bieten sich schöne Rastmöglichkeiten.

5,4 Der Fahrweg „Oksemyrevej" ist erreicht. Sie wenden sich nach rechts zum Parkplatz (200 m) und zur Bushaltestelle (knapp 1,5 km) oder nach links zum

5,5 Ausgangspunkt dieser Wanderung, wo vielleicht Ihr Fahrrad auf Sie wartet.

Wanderung 24: Paradisbakkerne - Die rote Runde

Die kleine Rundwanderung durch den vielleicht schönsten Wald Bornholms beginnt recht langweilig, steigert sich dann aber mächtig und zeigt einen Wackelstein, einen herrlichen Waldsee mit Aussichtskanzel, einen verschilften See und ein Spaltental mit guten Rastplätzen.

Kurzinfo: leichte 3,6 km lange Rundwanderung auf holprigen Pfaden ohne nennenswerte Auf- und Abstiege, Gehzeit: 1½ Std.
Ausschilderung: erst gelbe Dreiecke, dann rote Kreise und zum Ende eine kurze unmarkierte Strecke
Ausgangspunkt: Parkplatz östlicher Waldrand am „Oksemyrevej"
Öffentlicher Verkehr: Bus Linie Nr. 7 und 8 bis Haltestelle „Ibskervej"/„Oksemyrevej"
Kombinierbar mit: Wanderung 23
Karte ☞ Seite 139

Den Parkplatz am östlichen Waldrand erreicht man über die Straße Nexø - Østermarie. 4 km nördlich von Nexø führt links der „Oksemyrevej" zum Parkplatz. Der öffentliche Bus der Linie 7 bzw. 8 bedient die Strecke Nexø -

Svaneke via Ibsker und Joboland. Bitte studieren Sie aufmerksam den Fahrplan. An der Kreuzung „Ibskervej"/„Oksemyrevej" steigen Sie aus und müssen zusätzlich etwa 1,5 km bis zum Einstieg in die Wanderung zurücklegen.

0,0 Etwa 300 m westlich vom Parkplatz folgen Sie einem Pfad nach links in südliche Richtung. Dieser ist mit gelben Dreiecken markiert und führt Sie unspektakulär zu einer

0,5 Orientierungstafel. Hier laufen alle markierten Wege des Waldes zusammen. Angesagt ist der mit roten Kreisen markierte Pfad, der zunächst nach Süden Richtung „Klintebygård" weist. Der breite Pfad ist auf die Dauer recht langweilig und man ist froh, dass man eine

1,1 Abzweigung erreicht, wo der Pfad nach rechts Richtung „Fjeldstauan" und „Rokkestenen" abzweigt. Ein Tal wird durchschritten und es geht leicht bergan und zur

1,4 Reetkate „Fjeldstauan", die früher mal eine Jugendherberge war und heute als privates Ferienhaus genutzt wird. Sie wandern um die Hütte herum und auf dem Pfad nach Norden durch recht dichten Wald.

1,8 Der Wackelstein „Rokkestenen" ist ein Findling aus der Eiszeit und wiegt über 30 Tonnen. Moderne Vandalen haben vor einigen Jahren den Wackelmechanismus zerstört. Die Forstverwaltung hat versucht, den Schaden zu reparieren, und angeblich soll der Stein wieder ein bisschen wackeln. Trotz härtester Anstrengungen habe ich es bisher nie geschafft. Vielleicht gelingt es Ihnen ja.
Links, Richtung „Grydesø", verläuft der Pfad weiter und erreicht das Südufer.

2,0 Dieser ovale Waldsee „Grydesø" ist tief in die Landschaft eingegraben und wird teilweise von hohen Felsen eingerahmt. Der Pfad führt automatisch zu einer natürlichen, steinernen Aussichtskanzel. Sie sind hoch über dem See, genießen den Ausblick und machen vielleicht ein Picknick an diesem herrlichen Rastplatz.

Paradisbakkerne - Blick auf den Grydesø

Dann geht es weiter nach Norden und zu einer

2,4 Orientierungstafel. Sie folgen auch weiterhin den roten Kreisen Richtung „Lillegryde". Der Pfad steigt an. Rechts unten sehen Sie noch einmal den „Grydesø" und seine Aussichtskanzel, links liegt offenes, gerodetes Gelände.
Nach 200 m müssen Sie aufpassen. Die Markierungen sind dürftig und schwer auffindbar. Der Pfad geht nach Nordost und erreicht den Rand des Kahlschlages. Von dort führt Sie ein spannender Pfad runter und an dem stark verschilften See „Lillegryde" vorbei zu einer weiteren

3,0 Orientierungstafel. Diese Tafel ist Ihnen bekannt. Die Runde hat sich geschlossen. Der Rückweg zum „Oksemyrevej" und zum Parkplatz folgt dem unmarkierten Pfad durch das Spaltental „Kodal".
Dieser Pfad führt erst über den West- und später über den Ostrand des relativ breiten Spaltentales. Der Weg ist recht offen und auf den Felsen lässt es sich gut rasten.

3,6 Der Fahrweg „Oksemyrevej" ist erreicht. Zum Ausgangspunkt sind es 100 m nach Westen, zum Parkplatz sind es gut 200 m und zur Bushaltestelle sind etwa 1,5 km zu wandern.

Allgemeine Informationen zum Radwandern auf Bornholm

Bornholm lässt sich hervorragend per Fahrrad erkunden. Das Bornholmer Radwegenetz ist gut ausgebaut, bestens markiert und berührt alle Teile der abwechslungsreichen Insel. Die Wege bieten Möglichkeiten für Tagestouren, aber auch für ausgedehnte mehrtägige Gepäcktouren, wobei Zeltplätze und Jugendherbergen gut über die Insel verteilt sind.

Landschaftsprofil: Bornholm ist eine sehr hügelige Insel. Der höchste Punkt, der „Rytterknægten" im Wald Almindingen, ist immerhin 162 m hoch. Jede Tour ins Innere der Insel ist mit Aufstiegen verbunden. Die großen Wälder in der Mitte der Insel liegen durchschnittlich 100 bis 120 m über dem Meer.

Das Land ist außerhalb der großen Wälder stark landwirtschaftlich geprägt. Die Felder und Wiesen bilden eine offene und damit windanfällige Landschaft, die Radfahrern schon sehr zusetzen kann. Kondition und etwas „Biss" sind also schon nötig.

Wegführung und Eignung: Die Radwege verlaufen vorwiegend auf Wald- und Feldwegen, alten Eisenbahndämmen, kleinen verkehrsarmen Nebenstraßen und straßenbegleitenden Radwegen. Einige wenige Passagen führen über die Seitenstreifen größerer Straßen. Ein Großteil der Radwege ist mit Kies geschottert, der gut fahrbar ist, aber das Vorwärtskommen bremst und bei Abfahrten und engen Kurven die Sturzgefahr erhöht. Diese Passagen sollten daher langsam und mit Bedacht gefahren werden. Die straßenbegleitenden Radwege sind in der Regel asphaltiert.

Dänemark ist ein sehr fahrradfreundliches Land. Autofahrer nehmen in der Regel Rücksicht. Der Verkehr auf Bornholm ist gemäßigt, kann aber saisonbedingt auf den Küstenstraßen recht dicht sein.

Bornholms Radwege eignen sich im Prinzip für jederfrau/mann, die/der ein gewisses Maß an Kondition mitbringt. Auch Familien mit kleinen Kindern finden ein passables und sicheres Radnetz. Die Wege sind bis auf einige wenige kurze Strecken sehr kinderfreundlich angelegt. Meiner Meinung nach sollten aber Kinder erst ab 8 oder 9 Jahren selbst fahren, da sie erst ab diesem Alter den Anforderungen des Straßenverkehrs gewachsen sind.

An das Fahrrad werden keine besonderen Anforderungen gestellt. Jedes normale Straßen- oder Trekkingrad ist ausreichend. Eine 7-Gang-Schaltung oder höher wäre wünschenswert, um die geschotterten Wege und Anstiege bequemer bewältigen zu können.

Ausschilderung: Die Radwege sind in beiden Richtungen hervorragend markiert. Große grüne Schilder sind an jeder Stelle montiert, wo eine Richtungsänderung eine Wegweisung nötig macht. Die Schilder zeigen die Nummer des Radweges und die nächsten bzw. die bereits durchradelten Zielpunkte mit Entfernungsangabe in Kilometer.

Es gibt selten Orientierungsprobleme

An Wegpunkten kreuzen sich verschiedene Radwege. Auch hier sind natürlich entsprechende Schilder aufgebaut. Und glücklicherweise sind nur selten Schilder verdreht, verdreckt oder verblichen, so dass Sie sich eigentlich kaum verfahren können. Trotzdem braucht man natürlich eine vernünftige Radkarte. Im Kapitel ☞ Reise-Infos von A bis Z/Literatur und Landkarten werden brauchbare Karten vorgestellt.

Fahrradverleih: Sie finden mittlerweile in vielen Orten Fahrradverleiher. Die Preise sind annehmbar und die angebotenen Räder akzeptabel. Adressen finden Sie im ☞ Kapitel Reise-Infos von A bis Z/Fahrradverleiher.

Radwegenetz

Ich möchte Ihnen kurz die markierten Radwege vorstellen. Grundlage des Wegenetzes ist der Dänische Nationale Radweg Nr. 10, der immer in Küstennähe verläuft und die Insel auf einer Länge von 105 Kilometern umrundet. Die Regionalen Radwege 21 bis 26 ergänzen den Rundweg sinnvoll und erschließen die übrigen Regionen der Insel, also vor allem das Inselinnere. Das Radwegenetz hat eine Gesamtlänge von 235 km.

Nationaler Radweg Nr. 10
Der 105 km lange Radweg umrundet die Insel und führt dabei zu den schönsten Orten und wichtigsten Sehenswürdigkeiten der Insel.

Die Teilstrecke Rønne - Allinge gehört dabei mit Sicherheit zu den schönsten Radstrecken Bornholms, denn sie führt nicht nur über wunderschöne Feld, Wald- und Küstenwege, sondern sie erschließt auch die hohe Felsküste Nordbornholms mit den Highlights Jons Kapel und Hammershusruine.

Die anschließende Strecke Allinge - Gudhjem - Svaneke führt an einer spannenden Felsküste entlang, die mit den Klippen von Helligdommen (Helligdomsklipperne) und Randkløve Skår zwei herausragende Natursehenswürdigkeiten aufweist und mit den schmucken Küstenorten Allinge, Gudhjem und Svaneke drei interessante Orte durchquert, die zum Bummeln und Verweilen einladen.

Auf der Teilstrecke Svaneke - Nexø - Dueodde fährt man weiterhin küstennah. Die Felsküste wird flacher, die zweitgrößte Stadt Nexø wird durchfahren und schließlich erreicht man die großen Sandstrände bei Dueodde im Süden der Insel. Das letzte Teilstück von Dueodde über Arnager nach Rønne ist landschaftlich wenig spannend, führt der Radweg doch relativ küstenfern

durch landwirtschaftlich genutztes Kulturland. Die abwechslungsreiche Südküste mit ihren Stränden, Dünen und Sandsteinsteilhängen ist nur über Stichstraßen erreichbar.

Erst kurz vor Arnager berührt der Radweg wieder die Küste und gibt einen letzten Blick auf das Meer frei, bevor es am Flughafen entlang in die Vororte von Rønne geht.

So wunderschön der Radweg Nr. 10 insgesamt angelegt ist, muss man doch wissen, dass die Trasse ab Allinge an den relativ stark frequentierten Küstenstraßen entlang verläuft und somit den Genuss etwas trübt. Erhöhte Vorsicht ist natürlich in den Orten und insbesondere im Abschnitt Helligdommen -

Gudhjem geboten, da hier der Radweg nur auf dem Randstreifen der Straße verläuft und somit recht enger Kontakt zum Autoverkehr herrscht.

Der Radweg ist größtenteils asphaltiert. Im Teilstück Rønne - Allinge sind lange Abschnitte mit Kies geschottert.

Regionaler Radweg Nr. 21

Dieser Radweg verbindet die größten Orte Bornholms und erschließt den landwirtschaftlich geprägten Süden der Insel. Die Strecke ist wenig spannend, relativ offen und daher windanfällig und weist keine nennenswerten Steigungen auf. Der Weg von Rønne nach Nexø verläuft bis Lobbæk über die Trasse einer stillgelegten Eisenbahn.

Die Weiterfahrt bis Aakirkeby führt über einen Radweg entlang der Reichsstraße 38. Danach geht es auf überwiegend wenig befahrenen Nebenstraßen durch offene Landschaft, die weite Blicke zulässt, bis hinunter zum Meer und in die Stadt Nexø. Der Besuch der Rundkirche in Nylars und ein kurzer Bummel in Aakirkeby sorgen für etwas Abwechslung unterwegs. Der Radweg hat eine Gesamtlänge von 32 km.

Regionaler Radweg Nr. 22

Der Radweg beginnt knapp außerhalb Rønnes, im Südosten an der Reichsstraße 38 nach Aakirkeby. Der Weg über Vestermarie führt hoch in die Waldgebiete im Inneren der Insel. Er durchquert den gesamten Waldbereich von Almindingen bis zum Wald Paradisbakkerne und mündet an der Ostküste zwischen Nexø und Årsdale in den Radweg Nr. 10.

Die Tour verzeichnet einige kräftige An- und Abstiege und führt über große Strecken auf herrlichen Wald- und Feldwegen. Die Streckenlänge beträgt ca. 33 km.

Regionaler Radweg Nr. 23

Die Tour von Rønne über Nyker und Klemensker bis Helligdomsklipperne orientiert sich auf weiten Strecken an der Trasse der ehemaligen Eisenbahnlinie Rønne - Rø. In Nyker kann die Rundkirche besichtigt werden und in Helligdomsklipperne wartet eine spektakuläre Küste auf genaueste Erkundung. Der Weg insgesamt ist überwiegend unproblematisch; einige Steigungen sind zu bewältigen und geschotterte Strecken bremsen die Fahrt ein wenig. Der

Abschnitt Nyker - Klemensker ist nervig, führt er doch erstens leicht bergan und zweitens über eine breite, offene und daher windanfällige Landstraße. Die Gesamtlänge des Radweges beläuft sich auf 19 km.

Regionaler Radweg Nr. 24
Der Weg, südöstlich von Aakirkeby zwischen Peders Kirke und dem Wegpunkt „Munkeleddet" mit seiner Gesamtlänge von 2,6 km ist lediglich als Verbindungsstrecke zwischen Radweg Nr. 21 und Radweg Nr. 10 angelegt.

Regionaler Radweg Nr. 25
Der Radweg von Gudhjem über Østerlars und Almindingen bis Aakirkeby gehört sicher zu den schönsten und abwechslungsreichsten Strecken der Insel. Der Weg verlässt das malerische Gudhjem und windet sich auf kleinen, aufsteigenden, aber interessanten Wegen von der Küste fort und hinauf zur Rundkirche von Østerlars. Man lässt die Felder hinter sich und der Weg verschwindet dann im Wald von Almindingen und endet in der größten Inlandsgemeinde Bornholms, in Aakirkeby. Der Weg insgesamt ist recht anspruchsvoll und hat eine Gesamtlänge von 18 km.

Regionaler Radweg Nr. 26
Dieser knapp 25 km lange Weg verbindet Nordbornholm mit dem großen Wald Almindingen im Inneren der Insel. Es ist eine interessante, aber recht anspruchsvolle und anstrengende Inlandsstrecke, die zahlreiche Auf- und Abstiege bietet und in langen Abschnitten über Kies- und Waldwege führt. Die Hammershusruine quasi im Rücken startet der Weg durch eine aussichtsreiche Landschaft bis zur Rundkirche von Olsker.

Der weitere Verlauf geht durch die Wälder Rutsker Højlyng und Rø Plantage und endet schließlich im großen Wald Almindingen, wo andere Radwege die weitere Wegführung übernehmen.

Auf Basis dieser Radwege und unter Ausnutzung der vielen kleinen verkehrsarmen Nebenstraßen kann man sich sehr gut eigene Tagestouren oder sogar eine mehrtägige Urlaubstour zusammenstellen.

Die folgenden sechs Radroutenvorschläge sollen Sie in Ihrer Planung unterstützen.

Radrunde 1: Allinge - Olsker - Klemensker - Hasle - Jons Kapel - Vang - Hammershus - Sandvig - Allinge

Die vielleicht schönste Radrundtour führt durch den felsigen Norden der Insel und berührt viele Highlights.

Kurzinfo: anspruchsvolle 46,5 km lange Radrundtour, davon etwa 20 km auf Schotterwegen, viele kleine Auf- und Abstiege, Fahrzeit: 4 bis 4½ Stunden, planen Sie zusätzlich mindestens 4 Stunden Besichtigungen und Pausen ein - es gibt viel zu sehen!
Ausgangspunkt: Allinge
Einkehrmöglichkeiten unterwegs: Olsker, Hasle, Jons Kapel, Vang, Hammershus, Sandvig
Kombinierbar mit: Radrunde 2 und 3

Streckenübersicht:
▷ Radweg Nr. 10: Allinge - Slotslyngen - 4,0 km
▷ Radweg Nr. 26: Slotslyngen - Olsker - Spellinge Mose - 12,0 km
▷ Radweg Nr. 23: Spellinge Mose - Klemensker - 5,0 km
▷ Unbeschilderte Strecke: Landstraße Klemensker - Hasle - 9,0 km
▷ Radweg Nr. 10: Hasle - Jons Kapel - Vang - Slotslyngen - 11,5 km
▷ Unbeschilderte Strecke: Slotslyngen - Hammershus - Allinge - 5,0 km
▷ **Streckenlänge: 46,5 km**

0,0 Die Beschreibung beginnt im Norden, am Hafen von **Allinge**. Im Sommer herrscht hier und im Zentrum lebhaftes Treiben. Es gibt viele kleine Geschäfte, eine Touristinformation, Bäcker, einen Supermarkt, mehrere Räuchereien und auch die Personenfähre nach Simrishamn und Christiansø legt hier ab.

Sie fahren hoch bis zur Kreuzung der Reichsstraßen, die nach Rønne bzw. Gudhjem führen. Direkt nördlich gegenüber der Tankstelle führt ein etwas versteckter Radweg Richtung Sandvig. Sie sind jetzt auf dem Radweg Nr. 10 und folgen der Trasse etwa 500 m. Dann biegen Sie

links nach Westen ab. Der Radweg Nr. 10 verlässt den Ort und bringt Sie über geschotterte Wege auf höhere Ebenen. Der Weg ist offen. Felder und Wiesen prägen die Landschaft und Sie haben das Meer hinter sich. Ein kurzer Halt und ein Blick zurück lohnen unbedingt.

2,0 An der Kreuzung Richtung Hammershus liegt das kleine Steinbruchmuseum „Moseløkken". Es wird leicht übersehen, bietet aber eine interessante Ausstellung. Danach geht es am Steinbruch entlang und auf geschottertem Weg weiter durch ein mit Felsen, Spalten und Gruben durchsetztes, bewaldetes Gebiet.

3,5 Der Wegpunkt „Slotslyngen" ist erreicht. Sie fahren auf dem Radweg Nr. 26 hoch bis zur Reichsstraße 159, die Sie vorsichtig überqueren. Es folgt das abgelegene, aber sehr schöne Fels- und Heidegebiet „Borrelyngen" und dann eine recht einsame Fahrt über geschotterte

Wald- und Feldwege, die mit einigen heftigen An- und Abfahrten garniert sind. Langsam verlassen Sie die felsigen Gefilde und durchfahren Bauernland. Kurz vor Olsker lohnt ein kleiner Stopp. In einem Garten sind zahlreiche steinerne Skulpturen des bekannten dänischen Künstlers Ole Christensen in die Landschaft gestellt worden.

8,0 Der Weg führt durch den kleinen Ort **Olsker**, steigt dann an und erreicht eine Passhöhe von gut 100 m kurz vor der Zufahrt zur Rundkirche. Genießen Sie die Aussicht. Der kurze Abstecher zur 500 m entfernten „Ols Kirke" lohnt sich. Aus den Fenstern, die früher Schießscharten waren, hat man guten Blick bis weit auf das Meer hinaus - schließlich sind Sie etwa 120 m über Null. Die Kirche hat in der Saison von Montag bis Freitag von 10:00-13:00 und 13:30-17:00 geöffnet.

Diese wuchtigen, festungsartigen Kirchen sind ein Markenzeichen Bornholms. Es gibt insgesamt vier davon: Olsker, Østerlars, Nylars und Nyker.

Der Radweg wird auf einer verkehrsarmen Landstraße geführt, die durch eine sehr hügelige, offene landwirtschaftliche Gegend führt. Teilweise haben Sie sehr schöne Aussichten aufs Meer.

12,0 Beim Hof „Lynggård" geht es auf Waldwege und Sie kommen in die Hochheide **Rutsker Højlyng**, die mit Birken, Kiefern und Wacholder bewachsen ist. Folgen Sie hier zu Fuß der Ausschilderung ein kurzes Stück in den Wald, so erreichen Sie einen großen Findling. Dieser sogenannte „Rokkesten" soll, wenn man ihn an der richtigen Stelle anpackt, wackeln. Aber so oft ich auch hier war und mich abmühte, es passierte nichts. Probieren Sie es selbst einmal.

16,0 Am Wegpunkt „Spellinge Mose" treffen Radweg Nr. 26 und Nr. 23 zusammen. Der 23er kommt aus Rønne und geht bis Helligdommen bzw. umgekehrt. Sie schwenken auf den Radweg Richtung Rønne ein und folgen dem alten Eisenbahndamm zum

17,0 Wegpunkt „Rutsker Højlyng", wo der Radweg Nr. 26 nach Süden abbiegt. Sie folgen weiter dem Radweg Nr. 23. Die Fahrt über den ehemaligen Bahndamm ist trotz des Kiesbelages gut fahrbar, aber auf die Dauer ein bisschen trist. Für Abwechslung sorgt zu Beginn das an einigen Stellen steil aufragende Spaltental „Kløven", das Sie durchfahren, und der lang gestreckte See „Dammemose", der die Strecke später begleitet. Ansonsten sehen Sie Felder und Wiesen und ein paar Bauernhöfe.

Übrigens, der Eisenbahndamm, den Sie so schön als Radtrasse nutzen, war Teil der Verbindung Rønne - Rø, die 1913 in Betrieb ging und 1953 wegen Unrentabilität stillgelegt wurde. Auch alle anderen Bahnverbindungen auf der Insel sind heute eingestellt.

21,0 Sie erreichen **Klemensker**, registrieren das hohe Silo und die Kirche und verlassen den Ort und den Radweg. Rechts hinter der Kirche biegen Sie in den „Simblegårdsvej" ein und folgen dieser Landstraße Richtung Hasle. Wenig später ist mit 115 m der höchste Punkt dieses Abschnittes erreicht. Leider folgt nach kurzer Abfahrt wieder ein anstrengendes „Auf". Doch dann geht es durch offenes Bauernland zur Reichsstraße 159 hinunter.

26,0 Kurz vor der Reichsstraße 159 sehen Sie rechts den Runenstein „Brogårdsten", danach biegen Sie kurz rechts in die Reichsstraße ein, überqueren diese vorsichtig und biegen gleich wieder links in den „Jydegårdsvej" ein. Nach 500 m geht es nach links in den „Rubinvej", es folgt 300 m später eine scharfe Rechtskurve, danach geht es in den Wald. Rechts liegt der Rubinsø. Dort wurde während der Weltkriege Kohle im Tagebau abgebaut. Wenig später endet die kleine Straße und Sie biegen kurz rechts auf die Radspur neben der Straße nach Hasle ein. Nach 200 m geht es links ab zum Strand. Hinter dem Parkplatz biegen Sie rechts in den Schotterweg ein und sind auf dem Radweg Nr. 10 Richtung Hasle. Übrigens, der Strand südlich von Hasle ist sehr schön und durchaus einem Besuch wert.

Der Schotterweg endet direkt an der Jugendherberge und an der sehenswerten

30,0 **Museumsräucherei Hasle**, wo noch ganz traditionell nach Bornholmer Art geräuchert wird. Das Zentrum der Stadt liegt oberhalb des großen Hafens, und dort finden Sie Bäcker, Supermarkt und allerlei Kunsthandwerk.

Am nördlichen Stadtrand geht es links auf einen Schotterweg, der auch als Wanderweg „Kyststi" ausgewiesen ist. Radweg Nr. 10 und der Küstenwanderweg führen jetzt bis kurz vor Jons Kapel über die gleichen Wege. Der Schotterweg endet und findet seine Fortsetzung auf einer asphaltierten und schmalen Küstenstraße. Dieser Weg macht einfach Spaß. Es sei denn, ein kräftiger Gegenwind bläst Ihnen hier entgegen. Kleine Orte mit winzigen Häfen und schön herausgeputzten Hütten und Häusern werden passiert. Helligpeder und Teglkås heißen diese wildromantischen Dörfer. Während der Blick noch über den steinigen Strand wandert, kommen auf einmal die hohen Klippen Nordbornholms in Sicht. Ein wunderbarer Anblick!

35,0 In „Gines Minde" endet die Teerstraße und es geht in den Wald und relativ steil in die Höhe. In den Weg wurden Stufen eingelassen, die den schiebenden Auf- bzw. Abstieg erleichtern sollen. Hochfahren

Annäherung an die Felsküste bei Jons Kapel

gelingt wohl nur Mountainbikern. Sie schieben die Räder auf etwa 40 m Höhe über dem Meer und an die Wegkreuzung, wo sich „Kyststi" und Radweg Nr. 10 trennen.

35,5 Um zu den Klippen bei **Jons Kapel** zu gelangen, sind einige Meter auf dem „Kyststi" zurückzulegen. Lassen Sie das Fahrrad an der Wegkreuzung abgeschlossen stehen oder schieben Sie die wenigen Meter bis zu den Treppen, die steil hinunter zu den Felsen und Höhlen führen, wo der Mönch Jon einst gehaust haben soll, um die Bornholmer zum Christentum zu bekehren. Die steile Felsküste bei Jons Kapel ist immer wieder und zu jeder Jahreszeit einen Besuch wert.

Gefälle am Radweg bei Jons Kapel

Sie kehren zurück zur Wegkreuzung und erreichen Parkplatz und Kiosk an der Stichstraße oberhalb von Jons Kapel. In der Saison ist hier an manchen Tagen schon einiges los.

Auf schmalen Landstraßen und Feldwegen geht es auf und ab und Sie kommen in das Felsgebiet **Ringebakker**, wo bis vor Kurzem noch Granit im großen Stil gebrochen wurde. Einige Informationstafeln am Wege erzählen von dieser Zeit und Sie passieren Zufahrten zu großen Steinbrüchen. Von der hohen und schroffen Felsküste bekommt der Radfahrer leider nicht viel mit. Diese erschließt sich nur über den Küstenpfad, der aber für Radler nicht fahrbar ist. Einige schöne Aussichten über das Meer entschädigen aber ein wenig. Der anfangs recht offene Radweg taucht später in einen dichten Küstenwald ein und es geht relativ steil bergab bis zur Hauptstraße, die zum Hafen von Vang hinunterführt.

38,5 **Vang** ist ein kleiner Ort mit einem hübschen kleinen Hafen. Wer mag, fährt die Serpentinstraße hinunter zum Hafen, wo es ein kleines Café und ein öffentliches WC gibt. Speisen können Sie im Restaurant „Le Port", welches auf halbem Weg an der Serpentinenstraße liegt.

Nach Überquerung der Hauptstraße setzt sich der Radweg gen Norden fort. Um den Ort zu verlassen, sind einige heftige Auf- und Abstiege zu bewältigen. Es ergeben sich noch einige schöne Ausblicke, bis der jetzt geschotterte Weg in den Wald gelangt. Die Radstrecke führt durch das Tal „Finnedal", welches am Rande des Fels-, Wald- und Heidegebietes Slotslyngen liegt. **Slotslyngen** ist ein großer Felsbuckel, der früher durch offene Küstenheide geprägt war, aber mittlerweile stark zugewachsen ist. Die hohe Felsküste fällt steil zum Meer ab. Wer Zeit und Lust hat, und wenn das Wetter gut ist, sollte das Rad einfach mal abstellen, um das Küstengebiet zu durchstreifen. Es gibt einige Stichwege, die hoch in die offene Heide und weiter zur Küste führen. Der kleine Ausflug wird auf jeden Fall mit tollen Aussichten die Küste hinauf bis zur Schlossruine Hammershus und die Küste hinunter bis Vang und Jons Kapel belohnt.

41,5 Sie überqueren die Landstraße, die links nach Hammershus führt, und gelangen an den Wegpunkt „Slotslyngen". Der ist Ihnen schon bekannt (☞ Kilometer 3,5). Sie folgen dem Radweg Nr. 10 weiter nach Norden, biegen aber nach ca. 500 m links ab und fahren durch den Wald hinunter zur Landstraße und zum Parkplatz von

42,5 **Hammershus**. Sie schließen die Räder an und gehen hoch zum „Slotsgården". In diesem ehemaligen Bauernhof gibt es eine Cafeteria, ein kleines Museum und öffentliche Toiletten. Dann geht es weiter hoch zur Schlossruine, die auf einem 72 m hohen Granitbuckel thront. Planen Sie für den Besuch der Ruine und der zerklüfteten Felsküste unterhalb etwa 1 bis 1½ Stunden ein. Übrigens, die Sonnenuntergänge hier sind legendär. Vielleicht können Sie das zeitlich mit einplanen. Für die Weiterfahrt benutzen Sie die Landstraße nach Sandvig. Sie passieren Jugendherberge und Hammer Sø und erreichen den hübschen Ort.

44,5   **Sandvig** ist ein alter Badeort mit viel Charme und von einer schönen Naturkulisse eingerahmt. Wer noch Zeit und Lust hat, schaut sich den Ort an, fährt runter zum Badestrand und zum kleinen Hafen

Wie auch immer, Sie fahren über die Küstenstraße, die einen begleitenden Radweg hat, zurück nach

46,5   Allinge

Radrunde 2:
Allinge - Tejn - Helligdomsklipperne - Rø - Olsker - Hammershus - Sandvig - Allinge

Abwechslungsreiche Radrundtour, die zuerst der Küste nach Südosten bis zum Kunstmuseum und der spektakulären Felsenküste „Helligdomsklipperne" folgt. Für den Rückweg ist einiges an Energie nötig, denn es geht auf Feld- und Waldwegen und kleinen Landstraßen durch die Hochheide Rutsker Højlyng, weiter zur Rundkirche von Olsker und dann zur Nordwestküste, wo die Schlossruine Hammershus sich mächtig über dem Meer erhebt. Die Fahrt über Sandvig schließt die Runde.

Kurzinfo: leichte bis anspruchsvolle knapp 30 km lange Radrundtour, davon etwa 8 km auf Schotterwegen, viele kleine Auf- und Abstiege, Fahrzeit: 2½ bis 3 Stunden, planen Sie zusätzlich mindestens 3 Stunden Besichtigungen und Pausen ein!

Ausgangspunkt: Allinge

Einkehrmöglichkeiten unterwegs: Sandkås, Tejn, Kiosk am Kunstmuseum, Rø, Olsker, Hammershus

Kombinierbar mit: Radrunde 1 und 3

Karte ☞ Seite 153

▷   Radweg Nr. 10: Allinge - Tejn - Helligdommen - 9,0 km
▷   Radweg Nr. 23: Helligdommen - Rø - Spellinge Mose - 3,5 km
▷   Radweg Nr. 26: Spellinge Mose - Olsker - Slotslyngen - 12,0 km
▷   Unmarkierte Strecke: Slotslyngen - Hammershus - Allinge - 5,0 km
▷   **Streckenlänge: 29,5 km**

0,0 Auch bei Radrunde 2 soll Allinge der Ausgangspunkt sein. Jeder andere Ort auf der Runde wäre natürlich auch als Startpunkt geeignet. Der im Sommer quirlige Ort wird ausgiebig abgebummelt. An der großen Kirche steigt man aufs Rad und folgt der „Storegarde" und „Vestergade" ortsauswärts. Oben an der großen Kreuzung der Reichsstraßen geht es links auf den Radweg Nr. 10 Richtung Tejn, Helligdommen und Gudhjem.

Der Nationale Radweg Nr. 10 ist gut ausgebaut und begleitet die im Sommer viel befahrene Reichsstraße 158. Das ist nicht immer angenehm, aber die schönen Ausblicke auf die felsige Küstenlandschaft und auf die Ostsee entschädigen.

3,0 Der Ort **Sandkås** wird passiert. Hier wird die Felsküste durch einige recht hübsche Sandstrandabschnitte unterbrochen. Ansonsten gibt es hier einige Hotels, Pensionen und einen Campingplatz.

4,0 In **Tejn**, dem größten Fischerdorf der Insel, dominiert der Hafen. Spannend ist es an der Reparaturwerft, wenn die Fischkutter aufgebockt an Land stehen und einen neuen Anstrich bekommen. Ansonsten gibt es hier einen kleinen Supermarkt, einen Bäcker, einige Gaststätten und natürlich ein öffentliches WC. Weiter geht es längs der Reichsstraße und Sie kommen nach

6,5 **Stammershalle**. Dort ist gegenüber dem Restaurant und Apartmenthotel ein offenes Felsgelände mit Gräbern aus der Bronze- und Eisenzeit. An den drei großen Bautasteinen hat man einen fantastischen Ausblick über das Meer.

Wer dunkle Haine und alte Grabanlagen mit kleiner Schiffssetzung mag, sollte wenig später an der Sehenswürdigkeit „Troldskoven" Halt machen.

Kurz nach dem Campingplatz von Bådsted und hinter der Straßeneinmündung, die nach Rutsker Højlyng hinaufführt, verschwindet der Weg im Wald und statt über schnellen Asphalt rollt das Rad über Kies. Eine Fahrradtreppe, sprich Serpentinenstrecke, mit 15% Gefälle wird angesagt und bringt Sie runter ins

8,5 **Døndalen**. Im üppig bewachsenen Spaltental Døndalen ist Bornholms größter Wasserfall, der besonders im Winter oder Frühjahr oder nach einer längeren Regenperiode sehr eindrucksvoll sein kann. Für die Rundwanderung, die am Parkplatz beginnt, sollte man gut 1 Stunde einplanen (☞ Wanderung 7).

Was Sie hinuntergefahren sind, müssen Sie leider auch wieder heraufahren. Auf der Ostseite geht es kräftig bergan und besonders Gepäckfahrer werden fluchen. Doch insgesamt ist das eine wohltuende Abwechslung. Der Wald endet. Der Schotterweg allerdings bleibt bis kurz vor dem Höhepunkt dieser Radrunde:

9,0 **Bornholms Kunstmuseum** und die Felsküste von Helligdommen. Der Kunstinteressierte wird sicher die Ausstellung in dem relativ neuen und großzügigen Gebäude besuchen wollen. Besonders die Bornholmer Maler werden hier gewürdigt. Das Museum ist in der Regel von Dienstag bis Sonntag in der Zeit zwischen 10:00 und 17:00 geöffnet.

Die Küste unterhalb des Museums heißt **Helligdomsklipperne** und gehört zu den herausragenden Felspartien auf der Insel. Die Küste ist schroff, stark zerklüftet und mit Spalten, Felssäulen und Grotten durchsetzt. Einzelne Felsen ragen bis zu 20 m aus dem Meer auf. Oberhalb der Felsküste, 25 bis 30 m über dem Meer, windet sich unter verwegenen Bäumen der Wanderweg „Kyststi". Einige steile Treppen führen mancherorts in die Tiefe und fordern dem Körper so einiges ab.

Nach diesem Ausflug geht es zurück auf den Radweg. Schon kurz hinter dem Museum müssen Sie rechts auf den Radweg Nr. 23 abbiegen. Sie folgen dem Radweg längs der Straße hoch bis zur Ortschaft

10,0 **Rø**. Von dort geht es auf einem gut fahrbaren Schotterweg, der mal ein Eisenbahndamm war, zum

12,5 Wegpunkt „Spellinge Mose". Dort biegen Sie nach rechts in den Radweg Nr. 26 ein. Wer Radrunde 1 bereits gefahren ist, kennt diese

Trasse schon. Allerdings ist der Verlauf jetzt in umgekehrter Richtung und daraus ergeben sich neue Perspektiven.

Es geht über Waldwege und kleine Landstraßen durch die Hochheide **Rutsker Højlyng**, die mittlerweile wieder stark mit Bäumen und Sträuchern bewachsen ist. Wer mag, steigt kurz vom Rad ab und geht zum großen Findling „Rokkesten". Er hat mal gewackelt, aber das ist lange her.

16,0 Nach dem Hof „Lynggård" geht es auf Landstraßen runter und rauf. Die Landschaft ist relativ offen, hügelig und Sie haben später schöne Blicke hinunter zum Meer. Immerhin knapp 100 m über dem Meeresspiegel erreichen Sie die Abzweigung zur Rundkirche von Olsker. Ein kurzer Abstecher zur

Rundkirche „Ols Kirke"

19,5 „**Ols Kirke**" ist durchaus lohnenswert. Da ist zum einen die wuchtige Architektur und zum anderen der Blick über Land und Meer aus 120 m Höhe. Die Kirche hat in der Saison von Montag bis Freitag in der Zeit von 10:00-13:00 und 13:30-17:00 geöffnet.

Kurz hinter dem Dorf Olsker lohnt sich ein Stopp. Große steinerne Skulpturen des bekannten dänischen Künstlers Ole Christensen sind in die Landschaft gestellt und verdienen Beachtung.

Dann geht es auf Feldwegen weiter auf und ab. Agrarland und das schöne Fels- und Heidegebiet „Borrelyngen", kurz vor der Reichsstraße 159, sind zu durchfahren. Die Reichsstraße muss dann vorsichtig überquert werden und kurz danach erreicht man den

24,5 Wegpunkt „Slotslyngen". Lesen Sie jetzt bitte bei Radrunde 1 Kilometer 41,5 weiter. Die restlichen fünf Kilometer via Hammershus und Sandvig bis Allinge sind identisch.

29,5 Allinge

Radrunde 3:
Gudhjem - Østerlars - Almindingen - Rø - Helligdomsklipperne - Gudhjem

Von der Küste geht es hoch zur Rundkirche von Østerlars. Dann folgt der größte Inselwald, Almindingen, und der Schwenk nach Norden Richtung Rø Plantage. Von dort geht es runter zur Küste, zum Kunstmuseum und zu den spektakulären Küstenfelsen von Helligdomsklipperne. Die Rücktour nach Gudhjem hat schöne Ausblicke, erfordert aber aufmerksames Radeln.

Kurzinfo: anspruchsvolle 34 km lange Radrundtour, davon 20 km auf geschotterten Feld- und Waldwegen, insgesamt viele kleine Auf- und Abstiege,
Fahrzeit: 3 bis 3½ Std., planen Sie zusätzlich mindestens 2 Std. Besichtigungen und Pausen ein!
Ausgangspunkt: Gudhjem
Einkehrmöglichkeiten unterwegs: Østerlars, Rø, Kiosk am Kunstmuseum
Kombinierbar mit: Radrunde 1, 2, 4 und 5

▷ Radweg Nr. 10: Gudhjem - Melsted 1,5 km
▷ Radweg Nr. 25: Melsted - Østerlars - Almindingen 10,5 km
▷ Radweg Nr. 26: Almindingen - Rutsker Højlyng 12,0 km
▷ Radweg Nr. 23: Rutsker Højlyng - Helligdommen 4,0 km
▷ Radweg Nr. 10: Helligdommen - Gudhjem 6,0 km
▷ **Streckenlänge: 34,0 km**

0,0 **Gudhjem** ist die Touristenstadt auf Bornholm. Der in die Steilküste gebaute kleine Ort versprüht einen besonderen Charme und im Sommer pulsiert hier das Leben. Am Hafen von Gudhjem starten Sie die Tour und quälen sich die steilen Gassen hoch zur Reichsstraße 158, der der Radweg Nr. 10 auf separater Trasse folgt. Sie rollen abwärts und lassen den Nachbarort Melsted mit seinen schönen kleinen Häusern und seinem liebevoll restaurierten Landwirtschaftsmuseum links liegen und überqueren fast unbemerkt den Bach Melsted Å.

1,5 Hier zweigt der Radweg Nr. 25 ab, dem Sie ins Innere der Insel folgen. Der kleine Weg klettert in die Höhe und es wird anstrengend. Wehmütig geht der Blick zurück zum Meer. Aber keine Bange, in wenigen Stunden sind Sie wieder an der Küste.
Der Radweg schlängelt sich durch landwirtschaftlich geprägtes Gebiet und erreicht die „Spagerå", einen Zufluss des Baches „Kobbeå". Der nahe Wasserfall „Stavehøl" lädt zu einer kleinen Fotopause ein. Etwa 4 m stürzt das durch Felsen eingeklemmte Wasser in die Tiefe und bietet zumindest im Winterhalbjahr, wenn genügend Wasser den Bach hinabfließt, ein wunderschönes Schauspiel.
Sie folgen anschließend einem mit Bäumen beschatteten Dammweg, der mehr oder minder den Lauf des kleinen Baches „Præstebæk" begleitet, bis ein Weg rechts zur

6,0 Rundkirche von **Østerlars** abzweigt. Sie ist immerhin die größte und wohl auch wuchtigste der vier Bornholmer Rundkirchen. Sie können die Kirche in der Saison von Montag bis Sonnabend in der Zeit von 9:00-17:00 besichtigen. In der Nachbarschaft hat sich auf einem ehemaligen Bauernhof das „Middelaldercenter" angesiedelt, welches dem interessierten Besucher Einblicke in das Leben längst vergangener Zeiten gibt.

Sie radeln zum Radweg zurück und erreichen wenig später das Dorf Østerlars, über das es nicht viel zu berichten gibt, außer vielleicht, dass es hier einen kleinen Supermarkt gibt, wo man seine Vorräte auffrischen kann.

Überwiegend schmale Feld- und Waldwege bringen Sie in den großen Wald **Almindingen**, der durchschnittlich 120 m über dem Meer liegt und mit 2.400 ha Bornholms größtes Waldgebiet und der drittgrößte dänische Wald überhaupt ist. Das Land wurde im 19. Jahrhundert eingefriedet und systematisch durch die Forstverwaltung wieder aufgebaut, denn in den Jahrhunderten vorher hatte starker Raubbau das Gebiet zur Heide degradiert. Almindingen ist ein durchaus spannender Wald, der mit kleinen lauschigen Waldseen, Mooren, Hügeln, Tälern und Felsen gespickt ist.

Im Wald gibt es zahllose Wanderwege, die zu ausgedehnten Spaziergängen einladen (☞ Wanderung 20, 21 und 22). Sehr interessant ist beispielsweise die Wanderung durch das Spaltental „Ekkodalen", dessen Felswände tatsächlich ein Echo zurückwerfen. Auch Reste historischer Stätten, wie z.B. die Burgruine „Lilleborg" oder

Bornholms höchster Punkt, der 162 m hohe und mit einem Aussichtsturm versehene „Rytterknægten", sind durchaus einen Besuch wert.

12,0 Nach kurzer Zeit erreichen Sie den Wegpunkt „Almindingen", wo an einem kleinen Waldsee Bänke zu einer schattigen Rast einladen. Hier endet bzw. beginnt der Radweg Nr. 26, der in den Norden der Insel nach Slotslyngen (nähe Hammershus) führt und dem Sie nun folgen sollen. Schöne, teilweise schmale Waldwege mit Kurven und An- und Abstiegen sorgen für eine interessante, aber auch anstrengende Fahrt, die Sie schließlich aus dem Wald herausbringt.

Almindingen - kurze schnelle Pause nach heftigem Aufstieg

16,5 Nach Überquerung der Landstraße Rønne - Østerlars geht es auf einer wenig befahrenen, schnurgeraden Nebenstraße durch bäuerliches Kulturland zum südlichen Waldrand der Rø Plantage.

18,5 Die **Rø Plantage** ist staatliches Waldgebiet. Ein markierter Wanderweg erschließt den mit künstlichen Seen, Hügeln und Spaltentälern durchzogenen Mischwald (☞ Wanderung 19). Der Radweg verläuft am südlichen und westlichen Rand des Waldes und folgt schönen Waldwegen, die aber besonders bei Nässe viel Kraft und Aufmerksamkeit abverlangen. Auch sind einzelne Passagen mit 10 % Gefälle bzw. Steigung beschildert.

Kurz vor der Landstraße Klemensker - Rø endet der Wald und nach Überquerung der Straße geht es hinunter zum ehemaligen Bahndamm und zum

24,0 Wegpunkt „Rutsker Højlyng". Sie folgen dem Radweg nach Osten. Radweg Nr. 26 und der Radweg Nr. 23 Rønne - Helligdommen verlaufen ein Stück auf gleicher Trasse.

25,0 Am Wegpunkt „Spellinge Mose" biegt der Radweg Nr. 26 nach Norden ab. Sie bleiben auf dem Bahndamm und folgen nun dem Radweg Nr. 23 bis zum kleinen Ort Rø. Dort geht es neben der Straße hinunter zur Reichsstraße 158, der Sie ein kurzes Stück nach links bis zu

28,0 **Bornholms Kunstmuseum** folgen. Vor allem Bornholmer Maler sind in dem relativ neuen, großzügigen und durchaus umstrittenen Gebäude ausgestellt. Wer sich für Kunst und Malerei interessiert, wird sicher auf einen Besuch nicht verzichten. Das Museum ist in der Regel von Dienstag bis Sonntag von 10:00-17:00 geöffnet.
Absolut nicht verzichten sollte man auf die Erkundung der Natursehenswürdigkeit **Helligdomsklipperne** an der Küste unterhalb des Museums. Mehr zu dieser schroffen Felsküste lesen Sie bitte unter Radrunde 2 und Wanderung 7 und 8.

Bis Gudhjem sind es rund 6 km. Der Radweg Nr. 10 nutzt den Seitenstreifen der Reichsstraße 158 als Trasse. Das ist eigentlich eine wunderbare offene Strecke mit herrlichen Aussichten über die Ostsee und über die Küstenlandschaft. Nur der saisonweise starke Autoverkehr ist störend. Auf dieser Strecke ist daher besondere Aufmerksamkeit erforderlich.

34,0 Gudhjem ist erreicht und oben etwas unterhalb der Reichsstraße ist der Aussichtspunkt „Bokul", der einen einzigartigen Blick über Stadt und Meer bietet. Nach diesem Augenschmaus folgt unten am Hafen der Gaumenschmaus: Eis aus der Tüte oder einen geräucherten Hering oder beides?

Radrunde 4:
Gudhjem - Svaneke - Paradisbakkerne - Almindingen - Østerlars - Gudhjem

Eine interessante Radrundtour, die zuerst der schönen Nordostküste und später den großen Wäldern der Insel folgt. Die Felsküste am Randkløve Skår, die idyllische Stadt Svaneke und der Wald Paradisbakkerne laden zu kleinen oder großen Erkundungen ein.

Kurzinfo: leichte bis anspruchsvolle knapp 48 km lange Radrundtour, davon etwa 14 km auf geschotterten Wald- und Feldwegen; viele meist kleine und Auf- und Abstiege,
Fahrzeit: 4 bis 4½ Stunden, planen Sie zusätzlich mindestens 3 Stunden Besichtigungen und Pausen ein!
Ausgangspunkt: Gudhjem
Einkehrmöglichkeiten unterwegs: Listed, Svaneke, Årsdale, Østerlars
Kombinierbar mit: Radrunde 3 und 5
Karte ☞ Seite 165

▷ Radweg Nr. 10: Gudhjem - Svaneke - Årsdalevang 19,0 km
▷ Radweg Nr. 22: Årsdalevang - Paradisbakkerne - Almindingen 17,0 km
▷ Radweg Nr. 25: Almindingen - Østerlars - Melsted 10,0 km
▷ Radweg Nr. 10: Melsted - Gudhjem 1,5 km
▷ **Streckenlänge: 47,5 km**

0,0 Die Beschreibung der Radrundtour beginnt in Gudhjem, oben im Ort an der Reichsstraße 158. Dort ist auch die Trasse des Nationalen Radweges Nr. 10.

Die 15 km lange Strecke bis Svaneke über Saltuna, Bølshavn und Listed ist neben bzw. auf begleitender Trasse parallel zur Reichsstraße 158 angelegt. Da Sie fast die gesamte Zeit der Küste folgen, hat man wunderbare Ausblicke auf das Meer. Etwas störend ist natürlich der nahe Verkehr auf der Reichsstraße, der besonders im Sommer relativ dicht ist.

Sie rollen hinab und lassen den Nachbarort Melsted mit seinen schönen kleinen Häusern, seinem liebevoll restaurierten Landwirtschaftsmuseum und dem schönen Sandstrand links liegen und überqueren den

2,0 Bach „Kobbeå". Die weitere Strecke bis Saltuna ist, wenn man sich nicht für Kunsthandwerk und Glasbläserei interessiert, schnell durchradelt. Ansonsten plant man mindestens zwei Unterbrechungen ein: kurz hinter der Kobbeå, links am Meer, eine große Glasbläserei, wo man den Künstlern auf die Finger schauen kann, und etwas später das Kunsthandwerkerhaus „Hvide Hus" in Saltuna.

4,5 Ab Saltuna geht es stetig bergauf. Sie entfernen sich ein bisschen von der Küste.

6,0 Rastplatz zum Verschnaufen und Schauen: 55 m über dem Meer geht der Blick zurück nach Gudhjem, über die Ostsee und zu den Erbseninseln.

6,8 Links liegt die schroffe Felsküste mit dem quer zur Küste liegenden Spaltental **Randkløve Skår**. Wer diese herausragende Natursehenswürdigkeit besuchen möchte, folgt der Ausschilderung und stellt sein Rad rechts vor den Gebäuden ab. Die letzten etwa 600 m müssen zu Fuß über einen Pfad zurückgelegt werden. Weitere Hinweise zum Randkløve Skår finden Sie bei Wanderung 10. Der Rückweg zum Radweg entspricht dem Hinweg.

Der Weg steigt weiter an und erreicht

7,5 kurz vor dem Kilometerstein 16 die Passhöhe von ungefähr 85 m. Hier bietet sich ein weiter Ausblick Richtung Svaneke. Die Abfahrt bei Ypnasted ist bemerkenswert. Der Radweg verlässt die Reichsstraße, es geht heftig bergab und am Bauernhof „Ypnastedgård" vorbei. An einer Kreuzung geht es nach links und wieder zurück, parallel zur Reichsstraße. Die Küste ist wieder nahe und der kleine

10,0 Ort **Bølshavn** wird durchfahren. Kurz danach lädt ein Rastplatz an einer ehemaligen Schanze in herrlicher Küstenkulisse zur Fotopause ein. Es geht weiter nach

12,0 **Listed**. Am kleinen Fischereihafen hat sich immerhin ein Goldschmied mit Eis- und Kaffeeausschank und der Edelimbiss „Hummer-Hytten" angesiedelt. Schnell hat man den kleinen Ort passiert und radelt schon bald durch die Straßen von Svaneke. Dort ist besondere Vorsicht geboten. Es gibt innerhalb des Ortes keinen separaten Radstreifen und der Verkehr ist besonders im Sommer relativ dicht.

Zeltplatz bei Svaneke

15,0 **Svaneke** ist die wohl schönste Stadt auf Bornholm. Für die etwa 1.100 Einwohner hat die Erhaltung des traditionellen Stadtbildes oberste Priorität. Trotzdem ist Svaneke ein lebendiges Städtchen. In den engen Gassen mit den gemütlichen kleinen Häusern und Höfen finden

Sie interessante und spannende Geschäfte, wie z.B. die Bonbonfabrik am Markt oder die Glasbläserwerkstatt. Der Hafen gibt dem Ganzen zusätzliche Atmosphäre. Auch die nördlich des Hafens an der Felsküste gelegene Räucherei ist einen Besuch wert. Das einzig neue Bauwerk der Stadt scheint der markante Wasserturm zu sein, der einem Seezeichen nachempfunden ist und weithin sichtbar auf Svaneke zeigt. Der einzige Wehrmutstropfen ist die Reichsstraße, die zur Saison viel Verkehr durch die Stadt leitet.

Die Weiterfahrt nach Årsdale beginnt am Hafen von Svaneke. Sie folgen der Reichsstraße 158 nach Süden. Die Strecke über den Radweg entlang der Reichsstraße ist wenig spannend.

18,0 **Årsdale** besteht aus einigen hübschen Wohnhäusern und einem Hafen, der die flache Fels- und Schärenküste unterbricht. Die Räucherei und die Mühle oben an der Straße, wo ein Granitkunsthandwerker arbeitet und wohnt, bringen ein bisschen Leben in das ansonsten verschlafene Küstendorf.

19,0 Am Wegpunkt „Årsdalevang" beginnt der Radweg Nr. 22, der Sie über kleine Nebenstraßen hinauf zu den großen Wäldern im Inneren der Insel führt. Bevor Sie in den Wald Paradisbakkerne eintauchen, halten Sie unbedingt an, drehen sich um und genießen einen einzigartigen Ausblick über die Landschaft und das Meer.

22,0 Die Paradieshügel, oder dänisch **Paradisbakkerne**, liegen um die 100 m über dem Meer und gehörten einst zur Bornholmer Hochheide. Heute ist das Gebiet größtenteils bewaldet. Doch es gibt einige offene Stellen, wo noch die alte Heidelandschaft durchschimmert. Zahlreiche Felsschluchten durchziehen den Wald und üben einen besonderen Reiz aus. Mehrere markierte Wanderwege erschließen auf spannenden Pfaden diesen wunderbaren Wald. (☞ Wanderung 23 und 24). Radler, gebunden an den gut ausgebauten Fahrweg, durchradeln diesen Wald relativ rasch und gewinnen doch einen Eindruck von seiner Schönheit.

25,0 Nach Überquerung einer Landstraße geht die Fahrt in der Povlsker Plantage weiter. Dieser Gemeindewald bietet wenig Interessantes und wird auf einem gut belegten Forstweg durchquert. Der Übergang in die Pedersker Plantage ist nicht direkt wahrnehmbar; höchstens, dass Sie mittlerweile auf "echten" Waldwegen rollen, die doch die Fahrtgeschwindigkeit spürbar abbremsen.

30,0 Nach Überquerung einer weiteren Landstraße kommen Sie an einen überdachten Beobachtungsturm, wo Tische und Bänke zu einer kurzen Rast laden. Vom Turm haben Sie Blick auf das Feuchtgebiet "Ølene", welches als Wildreservat ausgewiesen ist und nicht betreten werden darf, um die hier ansässige Tier- und Pflanzenwelt zu schützen und zu erhalten.

Freunde schnurgerader, kilometerlanger Waldwege kommen bei dieser Tour voll auf ihre Kosten. Wäre da nicht der Aufmerksamkeit verlangende Schotterweg, könnte man auf den nächsten 5 km die Gedanken weit schweifen lassen. Dieser mit dem Lineal gezogene Weg durch endlose Nadel- und Laubwälder bringt Sie direkt in den großen Wald Almindingen. Ein paar Felder am Wegesrand und einige kreuzende Wege unterbrechen kurz die Monotonie der Strecke.

35,5 Mitten im Wald von **Almindingen** stößt Radweg Nr. 22 auf Radweg Nr. 25 und beide laufen etwa 500 m auf gleicher Trasse. Sie folgen der Ausschilderung "Radweg Nr. 25 Richtung Bastemose".

36,0 Am Wegpunkt "Bastemose" trennen sich der 22er und der 25er wieder. Während der Radweg Nr. 22 sich nach Westen und Richtung Rønne wendet, überqueren Sie auf dem Radweg Nr. 25 vorsichtig die gut frequentierte Landstraße Rønne - Svaneke und radeln bis zum

36,5 Wegpunkt "Almindingen". Gönnen Sie sich dort am Rastplatz mit dem hübschen Waldsee eine kleine Verschnaufpause und vielleicht haben Sie irgendwann mal Lust, diesen Wald zu Fuß zu erkunden. Almindingen ist ein durchaus spannender Wald, der mit kleinen lauschigen Waldseen, Mooren, Hügeln, Tälern und Felsen gespickt ist. Wandervorschläge bieten die Wanderungen 20, 21 und 22 dieses Buches.

Es geht weiter auf dem Radweg Nr. 25, der Sie schnell aus den Wald herausbringt. Auf geschotterten Wegen, an Feldern und kleinen Waldstücken vorbei, geht es nach

41,5 Østerlars. Ohne großen Aufenthalt folgt man der Ausschilderung des Radweges Nr. 25 und ist schon bald an der

42,5 Rundkirche von **Østerlars**. Sie ist die größte und wohl auch wuchtigste der vier Bornholmer Rundkirchen. Sie kann täglich außer sonntags zwischen 10:00-17:00 besichtigt werden.

Wer mag, fährt über die Hauptstraße „Gudhjemvej" hinunter zum nahen „Middelaldercenter" (600 m). Dort bekommt man Einblicke in das Leben längst vergangener Zeiten. Für die Weiterfahrt kehrt man entweder zurück zur Kirche oder man folgt dem „Gudhjemvej" ein kleines Stück weiter nach Norden und biegt rechts in den „Kobbevej" ein. Sie kommen dann automatisch wieder auf den Radweg Nr. 25.

Von der Kirche zurück folgt der Radweg einem mit Bäumen beschatteten Dammweg. Unterhalb fließt der kleine Bach „Præstebæk" und wenig später erreichen Sie eine Informationstafel und ein Hinweisschild „Vandfald".

43,5 Der kurze Fußweg zum Wasserfall „Stavehøl" ist eine schöne Unterbrechung. 4 m senkrecht stürzt das durch Felsen eingeklemmte Wasser der „Spagerå" in die Tiefe und bietet zumindest im Winterhalbjahr, wenn genügend Wasser den Bach hinabfließt, ein wunderschönes Schauspiel.
Der Radweg verlässt die Zuflüsse der Kobbeå und schlängelt sich durch landwirtschaftlich geprägtes Gebiet zur Küste hinunter. Sie erreichen die Reichstraße 158 und blicken über den Strand von

46,0 Melsted. Hier schließt sich die Runde. Sie folgen dem Radweg Nr. 10 und quälen sich noch den Hügel bis zur Mühle von

47,5 Gudhjem hoch und beenden die Tour.

Radrunde 5: Nexø - Aakirkeby - Almindingen - Paradisbakkerne - Nexø

Angenehme Radrundtour, die im flachen Süden beginnt und den größten Ort im Inselinneren, Aakirkeby, anläuft. Nach kurzer Stadtbesichtigung geht es hoch in den Wald von Almindingen und auf zum Teil sehr geraden Waldwegen in die Paradieshügel, wo spannende Waldwege zum Wandern und Picknicken einladen. Der Weg aus dem Wald und runter bis Nexø ist mit wunderbaren Aussichten verbunden.

Kurzinfo: leichte, später etwas anspruchsvollere 45 km lange Radrundtour, davon etwa 10 km auf geschotterten Feld- und Waldwegen, einige kleine Auf- und Abstiege,
Fahrzeit: 3½ bis 4 Stunden, planen Sie zusätzlich mindestens 2 Stunden Wanderungen und Pausen ein!
Ausgangspunkt: Nexø
Einkehrmöglichkeiten unterwegs: Aakirkeby
Kombinierbar mit: Radrunde 3, 4 und 6

▷ Radweg Nr. 21: Nexø - Aakirkeby 18,0 km
▷ Radweg Nr. 25: Aakirkeby - Bastemose 6,0 km
▷ Radweg Nr. 22: Bastemose - Paradisbakkerne - Årsdalevang 16,5 km
▷ Radweg Nr. 10: Årsdalevang - Nexø 4,5 km
▷ **Streckenlänge: 45,0 km**

Nexø ist mit knapp 3.800 Einwohnern die zweitgrößte Stadt der Insel. Dominierend ist der Hafen, wo auch größere Schiffe anlanden können. Die Fischerei hat in Nexø auch heute noch eine große Bedeutung. Es ist nett, durch die Straßen, Plätze und Gassen der Innenstadt zu bummeln. Nexø ist im Gegensatz zu Gudhjem oder Svaneke keine reine Touristenstadt. Der Ort

ist viel funktionaler geprägt. Im Zentrum finden sich zahlreiche Lokale und Geschäfte. Touristinformation, Geldautomaten, WC und Bushaltestelle sind natürlich ebenfalls zu finden. Wer mag, besucht das kleine Nexø Museum und das Wohnhaus des bekannten Schriftstellers Martin Andersen Nexø.

0,0   Die Radrunde startet am Hafen, "Strandgade" Ecke "Havnegade" am Hans V. Munch Haus. Folgen Sie der "Havnegade" nach Westen. Die Straße geht später in den "Gammel Rønnevej" über. Beachten Sie die Ausschilderung des Radweges Nr. 21. Hinter einer kleinen Viehweide links geht es auf der zweiten Straße, dem "Bødtgers Vej", links ab, dann wird der "Andersen Nexø Vej" überquert, ein kleines Gewerbegebiet durchfahren und schließlich sind Sie aus der Stadt raus. Sie radeln nun auf verkehrsarmen, kleinen Asphaltstraßen durch die landwirtschaftlich geprägten Gebiete Südbornholms. Die offene

Landschaft lässt weite Blicke bis hinunter zum Meer zu. Anstrengend wird es hier bei starkem Gegenwind. Dann sollte man die Runde umkehren, um den Weg nach Westen im Schutz der großen Wälder zurücklegen zu können.

12,5 Am Wegpunkt „Munkeleddet" zweigt der Radweg Nr. 24 nach Süden ab. Doch Sie bleiben auf dem Radweg Nr. 21 Richtung Nordwest und schon bald kommt Aakirkeby in Sicht.

Aakirkeby - auf dem Marktplatz

17,5 Am Marktplatz von **Aakirkeby**, bei der Touristinformation etwa, können Sie die Räder anschließen, um die Stadt anzuschauen, die außer der schönen alten „Aa Kirche" eigentlich nichts Besonderes zu bieten hat, aber doch einen geschäftigen Eindruck macht. Schließlich ist die 2.000 Einwohner zählende Stadt Zentrum des bäuerlich geprägten Südens. Das relativ neue Erlebnismuseum „Natur Bornholm" sei noch erwähnt, das südlich vom Zentrum in der Straße „Grønningen" liegt und auf anschauliche und erlebnisreiche Weise die Entstehung und

Vielfalt der hiesigen Natur zu vermitteln versucht. Der protzige Neubau wurde von Stararchitekt Henning Larsen entworfen und hat etwa von Mitte März bis Ende Oktober geöffnet.

Wieder auf dem Rad verlassen Sie die Stadt über die Hauptstraße nach Westen. Kurz vor dem Ende des Ortes, am Busbahnhof, ist der

18,0 Wegpunkt „Aakirkeby". Dort beginnt bzw. endet der Radweg Nr. 25. Diesem Weg folgen Sie nun nach Norden. Der Radweg geht erst über eine separate Trasse, nutzt dann ein kurzes Stück die Landstraße Aakirkeby - Almindingen und führt dann rechts auf eine Nebenstraße. Die sehr hügelige Landschaft ist durchsetzt mit Bauernhöfen, Feldern und kleinen Wäldchen. Die Landschaft wirkt kleinräumig; ihr fehlt die Weite, die auf der Strecke Nexø - Aakirkeby vorherrschte. Schließlich kommen Sie an den Waldrand von Almindingen und begleiten diesen eine Zeit lang.

Verpassen Sie nicht die Zufahrt in den Wald. Das Hinweisschild wird leider durch ein Kurvenschild für Autofahrer verdeckt.

Dann tauchen Sie ein in den großen Wald **Almindingen**, über den schon auf den Radrunden 3 und 4 und in den Wanderungen 20, 21 und 22 berichtet wurde.

24,0 Mitten im Wald stoßen Sie auf den Radweg Nr. 22, dem Sie jetzt nach Osten Richtung Nexø und Svaneke folgen sollen. Wer die Radrunde 4 gefahren ist, kennt diesen Weg bereits; allerdings war die Fahrtrichtung umgekehrt, so dass jetzt alles noch einmal, aber aus etwas anderer Perspektive betrachtet werden kann.
Erst mal wird es monoton. Ein schnurgerader Schotterweg führt durch den Wald. Einige kreuzende Wege und ein paar Felder am Wegesrand sorgen für etwas Abwechslung im endlos wirkenden Wald.

29,0 Ein Aussichtsturm mit Bänken lädt zum Halt. Vom Turm hat man Ausblick auf das Feuchtgebiet „Ølene". Dieses Wildreservat ist zum

Schutz der hier ansässige Tier- und Pflanzenwelt angelegt und darf das ganze Jahr über nicht betreten werden.

Kurz nach dem Beobachtungsturm muss die breite Landstraße „Ølenevej" überquert werden. Es geht weiter auf Waldwegen durch die Pedersker und Povlsker Plantage. Zwischendurch sind 2-3 km asphaltiert und man kommt insgesamt gut voran.

34,0 Nach Überquerung einer weiteren Landstraße endet nach gut 500 m der Schotterweg und ein schmaler, asphaltierter Fahrweg leitet Sie durch den vielleicht schönsten Bornholmer Wald.

37,5 Die Paradieshügel, oder dänisch **Paradisbakkerne**, liegen um die 100 m über dem Meer und gehörten einst zur Bornholmer Hochheide. Heute ist das Gebiet größtenteils bewaldet. Doch es gibt einige offene Stellen, wo noch die alte Heidelandschaft durchschimmert. Zahlreiche Felsschluchten durchziehen den Wald und üben einen besonderen Reiz aus. Mehrere markierte Wanderwege erschließen auf spannenden Pfaden diese wunderbare Gebiet. Wer Zeit mitgebracht hat, sollte unbedingt eine der hier im Buch beschriebenen Wanderungen (☞ Wanderung 23 oder 24) machen oder sich zumindest eine ausgeprägte Rast gönnen.

Wenn Sie jetzt den Wald verlassen, wird die Aussicht über die offene Landschaft und über das Meer Sie für alle Monotonie und Strapazen der Waldtour belohnen. Langsam lassen Sie sich bergab rollen und gelangen zum

40,5 Wegpunkt „Årsdalevang". Dort mündet der Radweg Nr. 22 in den Radweg Nr. 10. Links geht es zur weit sichtbaren Holländermühle und zum hübschen kleinen Küstenort Årsdale. Sie aber fahren nach rechts und es geht im langen Schwung runter zur Küste und zur Reichsstraße 158 und schon bald ist man zurück in

45,0 Nexø.

Radrunde 6: Dueodde - Peders Kirke - Nexø - Snogebæk - Dueodde

Angenehme Radrundtour durch den offenen, landwirtschaftlich geprägten Süden Bornholms.

Kurzinfo: leichte 38 km lange Radrundtour auf asphaltierten Wegen; einige kleine Auf- und Abfahrten, Achtung: bei starken Winden kann es auf einigen Teilabschnitten unangenehm werden.
Fahrzeit: 3 bis 3½ Stunden, planen Sie zusätzlich mindestens 2 Stunden Pausen ein!
Ausgangspunkt: Dueodde
Einkehrmöglichkeiten unterwegs: Øster Sømarken, Nexø, Balka, Snogebæk
Kombinierbar mit: Radrunde 5
Karte ☞ Seite 175

▷	Radweg Nr. 10: Dueodde - Peders Kirke	11,0 km
▷	Radweg Nr. 24: Peders Kirke - Munkeleddet	2,5 km
▷	Radweg Nr. 21: Munkeleddet - Nexø	12,5 km
▷	Radweg Nr. 10: Nexø- Snogebæk - Dueodde	12,0 km
▷	**Streckenlänge**:	**38,0 km**

0,0   In **Dueodde** am großen Parkplatz, am Kiosk neben dem öffentlichen WC und der Bushaltestelle, soll der Startpunkt der Radrunde sein. Es geht über die Straße „Fyrvejen" durch den Küstenwald hoch zur Hauptstraße und zum Radweg Nr. 10. Sie biegen nach links Richtung Sømarken ein. Der Radweg verläuft auf separater Trasse neben der Straße. Links begleitet Sie der nach Sand, Salz und Meer duftende Kiefernwald, rechts das meist offene Agrarland.

6,0   Dem Hinweisschild zur „Slusegårdsmølle" folgen Sie bitte. Sie müssen ihr Rad jetzt etwa 200 m schieben Gehen Sie durch die Gatter am Bauernhof vorbei und zur Mühle hinunter. Die Gesamtanlage mit der kleinen Wassermühle aus dem 18. Jahrhundert und dem Forellenhaus ist liebevoll restauriert und nett anzusehen. Wer mag, schließt sein Rad an und erkundet die Strandheide südöstlich der Mühle. Mit etwas Glück entdecken Sie den geografischen Knotenpunkt. Eine Steinplatte am Boden markiert den Schnittpunkt des 15. Längengrades Ost mit dem 55. Breitengrad Nord. Nach dem 15. Längengrad wird unsere Uhrzeit ausgerichtet, sie nennt sich auch „Gudhjem-Zeit". Es geht zurück zur Mühle. Nördlich geht ein Pfad durch den Wald, der schon bald in einen Fahrweg übergeht. Wo dieser endet, biegen Sie rechts ab und durchfahren das Ferienhausgebiet „Sluseparken" bis zum „Østre Sømarksvej". Sie folgen dieser Straße nach links und gelangen zum kleinen

Rast am Strand von Øster Sømarken

7,0   Hafen von **Øster Sømarken**. Oberhalb des Hafens liegt die gemütliche Räucherei „Bakkarøgeriet". Wer mag, stärkt sich hier mit Räucherfisch und einer Tasse Kaffee und genießt den Blick über die Ostsee von der Terrasse aus.

Um zurück zum Radweg Nr. 10 zu kommen, radeln Sie ab der Räucherei einfach die Straße „Østre Sømarksvej" bis zur Kreuzung mit dem „Strandvejen" hoch. Das sind etwa 1 km Strecke. Dann sind Sie wieder auf dem Radweg und fahren links weiter ins Inland und Richtung Peders Kirke. Der Radweg verläuft auch weiterhin auf eigener Trasse. Er steigt tendenziell etwas an. Links zwischen den Bäumen schimmert die Ferienhaussiedlung von Øster Sømarken durch. Später sind zu beiden Seiten, Felder, kleine Wäldchen und einzelne Bauernhöfe zu sehen.

11,0 In **Peders Kirke** ist die große Landstraße „Søndre Landevej" zu überqueren. Vor der Kreuzung können Sie links eine schön restaurierte Holländermühle ausmachen. Auf der anderen Straßenseite geht der Blick kurz rechts zur Kirche.
Sie folgen nun der Ausschilderung des Radweges Nr. 24. Dieser ist lediglich ein Verbindungsweg zwischen den Radwegen Nr. 10 und 21. Sie fahren über eine kleine Landstraße durch offenes Land und an großen Feldern vorbei und sind schon bald am

13,5 Wegpunkt „Munkeleddet". Dort schlagen Sie sich nach rechts und fahren jetzt auf dem Radweg Nr. 21 Richtung Osten. Sie können entspannt durch die landwirtschaftlich geprägte offene Landschaft dahinradeln. Die kleinen Landstraßen sind angenehm zu fahren und keine Sehenswürdigkeit liegt am Wege und hält die Fahrt auf. Und ehe man sich versieht, taucht die zweitgrößte Stadt Bornholms am Horizont auf. Sie folgen den Ausschilderungen und gelangen in die Stadt und hinunter zum Hafen.

26,0 Der Hafen von **Nexø** ist relativ groß und beherbergt eine große Fischereiflotte und auch eine kleine Fähre aus Polen macht hier in der Saison regelmäßig fest. Am Hafen gibt es ein gutes Fischfachgeschäft, wo man z.B. auch den leckeren eingelegten Hering aus Christiansø bekommt. Die Fahrt durch die Straßen und Gassen der kleinen Stadt bringt Sie irgendwann auch zum ehemaligen Wohnhaus des Dichters Martin Andersen Nexø (Ferskesøstræde 36). Danach orientieren Sie sich zur Küstenstraße und sind fast automatisch wieder auf dem Radweg Nr. 10.

27,0 Die Radtrasse folgt der Küste und Sie blicken auf das Wildreservat „Nexø Sydstrand". Die Sandsteinflächen gehen hier bis weit in das Meer hinaus, sie fallen leicht ab und schaffen ein seichtes Brandungsgebiet, das Sumpf- und Meeresvögel aller Art anlockt. Die anschließenden Strandwälle sind üppig bewachsen und botanisch interessant. Dann entfernt sich die Radtrasse ein kurzes Stück von der Küste, führt durch Wald und Heide und erreicht den Badeort

30,5 **Balka**, der wegen seines feinen und flachen Sandstrandes besonders bei Eltern mit kleinen Kindern sehr beliebt ist. Der Radweg setzt sich am Rande des Küstenwaldes und der Ferienhausgebiete fort, folgt auf separater Trasse der Hauptstraße und Sie kommen nach

32,0 **Snogebæk**. Dieser im Sommer sehr lebendige kleine Ort mit seinem ins Meer vorgelagerten Hafen ist mittlerweile, neben Nexø natürlich, der Anlauf- und Versorgungspunkt für die Urlauber im Bereich der großen Bornholmer Sandstrände. Im Ort finden Sie einen Supermarkt und allerlei Geschäfte, die den Touristen erfreuen. Auch eine Räucherei und ein paar Restaurants buhlen um die hungrigen Urlauber. In der urigen Kneipe „Sörens Værtshus" am Hafen isst man zwar nicht vom Feinsten, aber hier wird an lauen Sommerabenden Live-Musik geboten und Einheimische und Touristen tauen beim dazugehörigen Øl (Bier) mächtig auf.

Doch trinken Sie maßvoll, schließlich steht noch die Weiterfahrt nach Dueodde an. Vom Hafen geht es über die „Hovedgade" zurück auf den Radweg Nr. 10. Die Ausschilderung verweist auf kleine Straßen, die Sie aus dem Ort und zur Radtrasse längs der Hauptstraße Richtung Dueodde bringt. Dann zweigt links der „Fyrvejen" ab und Sie rollen dem großen Sandstrand von

38,0 Dueodde entgegen, wo diese Radrunde zu Ende geht.

DÄNEMARK GUIDES
Die besten Tipps für einen aktiven Urlaub
norrmagazin.de/reisen/guides

DIE **BESTEN SEITEN** DES NORDENS

NORR ist das führende Magazin für Skandinavienfreunde und Naturliebhaber. Hier findest du die schönsten Plätze, die besten Outdoor-Erlebnisse und das Neueste aus Kultur und Lebensstil im Norden. Erhältlich im Zeitschriftenhandel und natürlich im Abo.

www.norrmagazin.de   facebook.com/norrmagazin   twitter.com/norrmagazin

In Skandinavien unterwegs mit OutdoorHandbüchern und ReiseHandbüchern aus dem Conrad Stein Verlag

Dänemark: Wander- und Radführer Bornholm
ISBN 978-3-86686-457-3
Band 145, € 14,90 [D]

Grönland: Arctic Circle Trail

ISBN 978-3-86686-137-4
Band 137, € 12,90 [D]

Finnland: Bärenrunde

ISBN 978-3-86686-085-8
Band 85, € 9,90 [D]

Finnland: Pirkan Taival

ISBN 978-3-86686-319-4
Band 290, € 14,90 [D]

Island: Trekking-Klassiker – Laugavegur, Fimmvörðuháls, Kjalvegur, Jökulsárgljúfur, Öskjuvegur

ISBN 978-3-86686-411-5
Band 28, € 16,90 [D]

Rund um Island auf der Ringstraße

ISBN 978-3-86686-390-3
Band 192, € 16,90 [D]

Skandinavien: Nordkalottleden

ISBN 978-3-86686-172-5
Band 172, € 9,90 [D]

Schweden: Sarek

ISBN 978-3-86686-365-1
Band 17, € 14,90 [D]

Schweden: Kungsleden

ISBN 978-3-86686-445-0
Band 18, € 12,90 [D]

Schweden: Padjelantaleden

ISBN 978-3-86686-261-6
Band 261, € 9,90 [D]

Schweden: Inlandsvägen

ISBN 978-3-86686-389-7
Band 322, € 14,90 [D]

Schweden: Dalsland-Kanal

ISBN 978-3-86686-370-5
Band 63, € 12,90 [D]

Dem Kommissar auf der Spur – Ein literarischer Reiseführer zu den Tatorten der "Wallander-Romane"

ISBN 978-3-86686-132-9
Band 132, € 12,90 [D]

Schweden Norwegen: Nordseeküstenradweg

ISBN 978-3-86686-228-9
Band 228, € 14,90 [D]

Schweden Norwegen: Seekajaktour Göteborg – Oslo

ISBN 978-3-86686-232-6
Band 232, € 12,90 [D]

Skilanglauf in Norwegen

ISBN 978-3-86686-348-4
Band 305, € 14,90 [D]

ISBN 978-3-86686-350-7
Band 95, € 14,90 [D]

ISBN 978-3-86686-398-9
Band 82, € 14,90 [D]

ISBN 978-3-86686-412-2
Band 41, € 14,90 [D]

ISBN 978-3-86686-252-4
Band 252, € 14,90 [D]

ISBN 978-3-86686-179-4
Band 179, € 9,90 [D]

ISBN 978-3-86686-169-5
Band 169, € 12,90 [D]

ISBN 978-3-86686-803-8
€ 5,90 [D]

ISBN 978-3-86686-805-2
€ 5,90 [D]

ISBN 978-3-86686-206-7
Band 206, € 12,90 [D]

ISBN 978-3-86686-282-1
Band 282, € 8,90 [D]

ISBN 978-3-86686-110-7
Band 110, € 7,90 [D]

Fremdsprech Band 1
ISBN 978-3-86686-920-2
€ 5,90 [D]

Fremdsprech Band 2
ISBN 978-3-86686-921-9
€ 5,90 [D]

Fremdsprech Band 7
ISBN 978-3-86686-922-6
€ 5,90 [D]

Hier finden Sie alle bei uns erschienenen Titel zu Skandinavien.

Jeweils beschriebener Wegverlauf siehe Karte auf der nächsten Seite.

Conrad Stein Verlag GmbH, Postfach 1233, 59512 Welver, www.conrad-stein-verlag.de

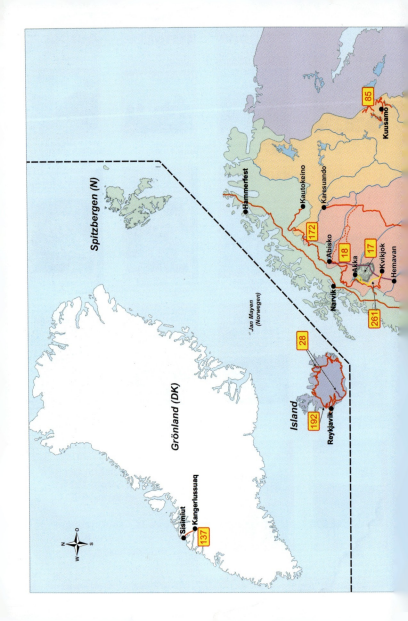

Buchtipps aus dem

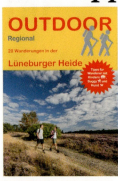

Lüneburger Heide
28 Wanderungen

Norbert Rother
OutdoorHandbuch Band 339
Outdoor Regional
160 Seiten ▸ 57 farbige Abbildungen
43 Karten im Maßstab 1:50.000/1:75.000
19 Höhenprofile

ISBN 978-3-86686-426-9

☺ *viele Extra-Tipps für Wanderer mit Kind, Buggy und Hund*

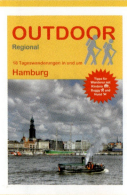

Hamburg
18 Wanderungen

Friederike und Hartmut Engel
OutdoorHandbuch Band 337
Outdoor Regional
158 Seiten ▸ 70 farbige Abbildungen
25 Karten im Maßstab 1:50.000/1:75.000
5 Höhenprofile

ISBN 978-3-86686-437-5

☺ *viele Extra-Tipps für Wanderer mit Kind, Buggy und Hund*

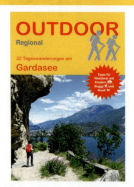

Gardasee
22 Wanderungen

Wolfgang und Idhuna Barelds
OutdoorHandbuch Band 333
Outdoor Regional
160 Seiten ▸ 55 farbige Abbildungen
22 Karten im Maßstab 1:50.000
23 Höhenprofile

ISBN 978-3-86686-433-7

☺ *viele Extra-Tipps für Wanderer mit Kind, Buggy und Hund*

Conrad Stein Verlag

Dänemark: Ostseeküstenradweg

Hans-Jürgen Fründt
OutdoorHandbuch Band 179
Der Weg ist das Ziel
120 Seiten ▸ 48 Abbildungen
10 Karten

ISBN 978-3-86686-179-4

\>\> **lehrerbibliothek.de:** *„Autor und Fotografin beschreiben (...) den kompletten Weg (...) mit Tipps zu allen wichtigen Orten incl. Übernachtungsmöglichkeiten."*

Schweden Norwegen: Nordseeküstenradweg

Wolfgang und Idhuna Barelds
OutdoorHandbuch Band 228
Der Weg ist das Ziel
224 Seiten ▸ 45 farbige Abbildungen
24 Karten ▸ 19 Höhenprofile

ISBN 978-3-86686-409-2

\>\> **Nordis:** *„Kompakter Aktivführer in bewährter Conrad-Stein-Aufmachung"*

Dem Kommissar auf der Spur
Ein literarischer Reiseführer zu den Tatorten der „Wallander-Romane"

Martin Kohn und Rainer Sens
OutdoorHandbuch Band 132
Der Weg ist das Ziel
141 Seiten ▸ 34 farbige Abbildungen
5 Karten

ISBN 978-3-86686-132-9

\>\> **Outdoor-Magazin:** *„Für Fans ein Muss."*

Index

Sonnenuntergang bei Hammershus

A

Aakirkeby	176
Allinge	61, 152, 159, 163
Almindingen	165, 172, 177
Arnager	97
Arnager-Kliff	98
Årsdale	81, 83, 171
Ärzte	22
Ausrüstung	40

B/C

Bahn	16
Balka	86, 182
Boderne	94, 121
Bølshavn	76, 170
Bus	17
Campingplätze	29

D

Døndal	65
Døndalen	161
Dueodde	117, 179, 182
Dueodde Fyr	88

E/F

Ekkodalen	134
Fähre	15
Fahrrad	19
Ferienhäuser	27
Fisch	23

G

Gamleborg	130
Geld	20
Gudhjem	71, 72, 112, 164, 168

H

Hammer Fyr	60
Hammeren	57
Hammerhavn	55, 59
Hammershus	52, 55, 158
Handy	27
Haralds Havn	76
Hasle	45, 107
Hasle (Museumsräucherei)	156
Helligdomsklipperne	65, 67, 161, 167
Hotels	27
Hütten	30

I/J

Informationen	20, 36
Jons Kapel	48, 157
Jugendherbergen	28

K

Kartenskizzen	40
Klemensker	155
Kobbeå	73
Kriminalität	21
Kyststi	100

L

Landkarten	21
Lilleborg	131
Listed	78, 170
Literatur	21

M/N

Melsted	72
Natur	12
Naturlagerplätzen	31

Nexø	84, 174, 178, 181	Sheltern	32
Notruf	23	Slotslyngen	51
		Slusegård	93

O

Öffnungszeiten	34	Snogebæk	86, 87, 182
Olsker	154, 162	Sose Bucht	95
Øster Sømarken	92, 93, 180	Sose Odde	96
Østerlars	74, 164, 173	Stammershalle	64, 160
		Svaneke	79, 81, 114, 170

P

T

Paradisbakkerne	138, 142, 171, 178	Tejn	63, 160
Peders Kirke	181	Telefon	27
Pensionen	27	Toiletten	23

R

U/V

Radwandern	146	Updates	33
Radwegenetz	148	Vang	46, 49, 158
Raghammer	119	Versorgung	34
Randkløve Skår	76, 169		
Räuchereien	23		

W/Y

Ringebakker	49, 157	Wetter	35
Rø	161	Ypnested	76
Rø Plantage	127, 166		
Rokkestenen	132		
Rønne	10, 42, 106, 124		
Rutsker Højlyng	154, 162		
Rytterknægt	135		

S

Saison	24
Salomons Kapel	59
Saltuna	75
Sandkås	62, 160
Sandvig	57, 58, 110, 159
Schiffsausflüge	26

nach Norden

Wanderkarten

Landkarten

www.geobuchhandlung.de